RUINAS DE PALENQUE 8
Eine perfekte Hieroglyphenwand, ein königliches Grab und ein Traumblick über Palenque
📷 *Tipp: Such dir eine Pyramide aus, die man noch besteigen darf. Von oben bekommst du die ganze Anlage aufs Bild*

➤ S. 123, Der Süden

BARRANCA DEL COBRE 6
Ein gewaltiges System tiefer Canyons inmitten der Sierrra Madre Occidental – abseits aller Wege und nur per Zug erreichbar
📷 *Tipp: Kauf der Tarahumara-händlerin eine Flechtarbeit ab und fotografier sie dann mit Blick auf die Schlucht*

➤ S. 106, Der Norden

PARQUE MUSEO LA VENTA 9
Erzählt, wie alles begann: ein Park in Villahermosa mit 2000 Jahre alten Skulpturen und Denk-mälern, wundervoll arrangiert

➤ S. 134, Golf von Mexiko

MUSEO DE LAS CULTURAS DE OAXACA 7
Ein Dominikanerkloster aus dem 16. Jh. beherbergt die weltbe-rühmten Grabbeigaben aus Monte Albán

➤ S. 112, Der Süden

CHICHÉN ITZÁ 10
Spektakuläre Pyramiden und Tem-pel der Maya: eine gigantische Welterbestätte voller Rätsel! (Foto)
📷 *Tipp: Nimm eine der Treppen der Kukulcán-Pyramide aus nächster Nähe so auf, dass der Blick im blauen Himmel endet*

➤ S. 143, Yucatán

INHALT

DER NORDEN

GOLF VON MEXIKO

ZENTRALES HOCHLAND

YUCATÁN

DIE WESTKÜSTE

DER SÜDEN

MEX IKO

Reisen mit MARCO POLO
Insider-Tipps

MARCO POLO
TOP-HIGHLIGHTS

MUSEO NACIONAL DE ANTROPOLOGÍA ⭐1
Millionen von Hauptstadtbewohnern können nicht irren: eines der faszinierendsten Museen der Welt, voller Schätze der präkolumbischen Kulturen

➤ S. 48, Zentrales Hochland

TEOTIHUACÁN ⭐2
Grandios und mystisch ist die alte Aztekenmetropole mit ihrer Pyramide der Sonne vor den Toren von Mexiko-Stadt

➤ S. 52, Zentrales Hochland

SAN MIGUEL DE ALLENDE ⭐3
Künstler und Aussteiger prägen die Bilderbuchatmosphäre der Unesco-Welterbestadt

➤ S. 64, Zentrales Hochland

GUANAJUATO ⭐4
Koloniale Pracht und mexikanische Lebenslust: Die alte Silberstadt hat es in sich!
📷 *Tipp: Die gelbe Kathedrale ist, schön rangezoomt, eine starke Kulisse für die vielen Passanten*

➤ S. 66, Zentrales Hochland

FELSENSPRINGER IN ACAPULCO ⭐5
Wahnsinn: der Kopfsprung aus 42 m von der Klippe in die enge Bucht beim Quebradafelsen
📷 *Tipp: Serienaufnahmen der Klippenspringer machen und mit Photoshop zusammenfügen*

➤ S. 89, Die Westküste

INHALT

⏱ Besuch planen   🍴 Essen/Trinken

€–€€€ Preiskategorien   👜 Shoppen

(*)   Kostenpflichtige Telefonnummer   🍸 Ausgehen

🌴 Top-Strände

(▭ A2) Herausnehmbare Faltkarte
(▭ a2) Zusatzkarte auf der Faltkarte
(0) Außerhalb des Faltkartenausschnitts

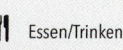

BESSER PLANEN MEHR ERLEBEN!

Digitale Extras
go.marcopolo.de/app/mex

DAS BESTE ZUERST

Mexikos Postkartenmotiv Nr. 1: El Castillo in Tulum

SCHÖN, AUCH WENN ES REGNET

AUF DEM MARKT
Eine Welt für sich: Der *Mercado Libertad* in Guadalajara, einer der größten Märkte Mexikos, fasziniert mit Farben und Gerüchen an unzähligen Verkaufsständen. Überall wirst du nett begrüßt und nach dem Bummel locken frisch zubereitete mexikanische Leckereien
➤ S. 74, Zentrales Hochland

BEI REGEN SCHLEMMEN
Im Restaurant *Cenaduría Los Portales* in Campeche fährt man die ganze Palette mexikanischer Spezialitäten auf. Nimm Platz unter den Arkaden, bestell dir einen Aperitif und genieß die lebhafte Stimmung um dich herum
➤ S. 140, Yucatán

DER SCHATZ VON MONTE ALBÁN
Im *Museo de las Culturas de Oaxaca* bestaunt ihr die einzigartigen Jadefundstücke aus der Pyramidenanlage Monte Albán
➤ S. 112, Der Süden

WOHLTUENDES MAYAWISSEN
Das *Maya-Spa* in Tulum verwöhnt dich mit modernen Treatments und jahrhundertealten Therapien. Da ist das Wetter schnell vergessen
➤ S. 153, Yucatán

INS MUSEUM ABTAUCHEN
Das *Museo Nacional de Antropología* in Mexiko-Stadt ist ein Ort von Weltrang. In den zahlreichen Sälen, die Mexikos unterschiedlichen Kulturen gewidmet sind, kann man nicht nur einen, sondern gleich mehrere Regentage verbringen (Foto)
➤ S. 48, Zentrales Hochland

DIE KATHEDRALE DER METROPOLE
Die *Catedral Metropolitana* von Mexiko-Stadt begeistert von außen, doch ihr eigentlicher Schatz zeigt sich im Inneren: jahrhundertealte Kirchenkunst und eine andächtige Stille, die Eindruck hinterlässt
➤ S. 46, Zentrales Hochland

BEST OF

LOW-BUDGET

FÜR DEN KLEINEN GELDBEUTEL

VIELSEITIGES KULTURZENTRUM

Das *Centro Cultural* von Tijuana sieht aus der Ferne aus wie ein großer Ballon. Im Inneren besuchst du einige Ausstellungen und Veranstaltungen gratis (Foto)

➤ S. 98, Der Norden

SEERÄUBERBASTION

Piraten und Freibeuter in Yucatán: Wo könnte eine Dokumentation zu diesem Thema passender untergebracht sein als in Campeches *Baluarte San Fransisco?* In dem beeindruckenden Festungsbau in der Stadtmauer lebt die wilde Zeit fort

➤ S. 140, Yucatán

KUNSTHANDWERK IM KLOSTER

El Institito del Artesano Michoacán im ehemaligen Franziskanerkloster von Morelia zeigt kostenlos eine vielfältige Auswahl von hochwertigem Kunsthandwerk

➤ S. 61, Zentrales Hochland

MUSEUM IM HERRENHAUS

In einem schönen Stadtpalast die indianisch geprägte Kultur Michoacáns entdecken: Der Besuch der Ausstellungen des *Museo del Estado* in Morelia kostet nichts

➤ S. 60, Zentrales Hochland

GESANG IM PARK

Leidenschaftliche Tänze, rhythmische Marimbamusik: Jeden Donnerstagabend erwartet euch bei der *Serenata Yucateca* im Parque Santa Lucía von Mérida ein kostenloses Musikerlebnis

➤ S. 143, Yucatán

MURALES IM REGIERUNGSPALAST

Die Geschichte der Eroberung Mexikos in riesigen Wandgemälden von Diego Rivera: Die *murales* des Künstlers schmücken den Nationalpalast in der Hauptstadt. Zur Besichtigung brauchst du nur deinen Ausweis

➤ S. 45, Zentrales Hochland

SCHILDKRÖTENBABYS GUCKEN
Auf der Karibikinsel Isla Mujeres gibt es eine *Tortugranja*. Dort werden Eier ausgebrütet, können Kinder die kleinen Schildkröten beim Schwimmen in den toll gestalteten Wasserbecken sehen. Und bevor es zum Planschen an die nahen Traumstrände weitergeht, füttert ihr noch die Riesenschildkröten
➤ S. 149, Yucatán

ZUM FORSCHER WERDEN
Selbst das Fernglas in die Hand nehmen und mit dem Mikroskop experimentieren, Papierraketen herstellen oder gigantische Seifenblasen: im *Papalote,* dem Kindermuseum von Mexiko-Stadt verfliegt die Zeit viel zu schnell
➤ S. 49, Zentrales Hochland

VOR DEN SEERÄUBERN ZITTERN
Einbeinige Freibeuter taumeln über die Wehrmauern, Kanonen werden abgeschossen, es riecht nach Pulver und die Spannung steigt: Bei der Show *Luz y Sonido* im alten Campeche erlebt ihr die dramatischste Epoche des Karibikhafens
➤ S. 141, Yucatán

ZIPLINING DURCH DIE SCHLUCHT
Meterhohe Kandelaberkakteen prägen die Halbwüste der Baja California. Mit *Cabo Canopy Tours* erleben Kids und Jugendliche einen wilden Nationalpark mit Tempo und reichlich Thrill
➤ S. 101, Der Norden

SCHNORCHELN UND PLANSCHEN IN DER KARIBIK
Zwischen Tukanen und Papageien, Krokodilen und Schildkröten kannst du mit deinem Nachwuchs in den privaten Ökoparks *Xcaret* und *Xel-Há* nahe Playa del Carmen nach Herzenslust das Meer genießen
➤ S. 152, Yucatán

BEST OF ⚑

TYPISCH

DAS ERLEBST DU NUR HIER

TAG DER TOTEN

Am *Día de los Muertos* bietet sich auf Mexikos Friedhöfen ein bizarres Schauspiel. Tacos und Coca Cola, Blumen und kleine Geschenke werden neben den Grabsteinen für die Toten ausgebreitet, deren Geister sich an den Gaben erfreuen sollen. Besonders eindrucksvoll erlebst du das Spektakel in Mixquic bei Mexiko-Stadt
➤ S. 23, Mexiko verstehen

MUMIEN HINTER GLAS

Gruseln inklusive: Im *Museo de las Momias* in Guanajuato sind über 100 mumifizierte Tote ausgestellt. Einige sehen aus, als ob sie tanzen wollten, andere wirken düster und gespenstisch
➤ S. 68, Zentrales Hochland

PARTY AUF DEM KANAL

Auf den Wasserwegen der „schwimmenden Gärten" von *Xochimilco* südlich von Mexiko-Stadt schippern bunte, mit Blumen geschmückte Kähne umher. Hier lässt man sich spazieren fahren. Den „Service" – Verpflegung, Getränke und *Mariachi*-Musik – liefern weitere Boote
➤ S. 51, Zentrales Hochland

DIE MEZCAL-HOCHBURG

Oaxaca und Mezcal gehören zusammen: In der herrlichen Kolonialstadt wird das aus Agaven destillierte, hochprozentige Getränk in besonderen Lokalen, den sogenannten *mezcaleriás,* getrunken: Bars und Kneipen, die mal alt und traditionsreich, mal jung und schick daherkommen. *Salud!*
➤ S. 115, Der Süden

WALLFAHRTSKIRCHE

Die *Basílica de Guadalupe* in Mexiko-Stadt ist das ganze Jahr über Ziel gläubiger Katholiken. Täglich siehst du hier Hunderte von Besuchern zum Bildnis der Schutzheiligen Mexikos oder zur Kapelle auf dem Hügel pilgern (Foto)
➤ S. 47, Zentrales Hochland

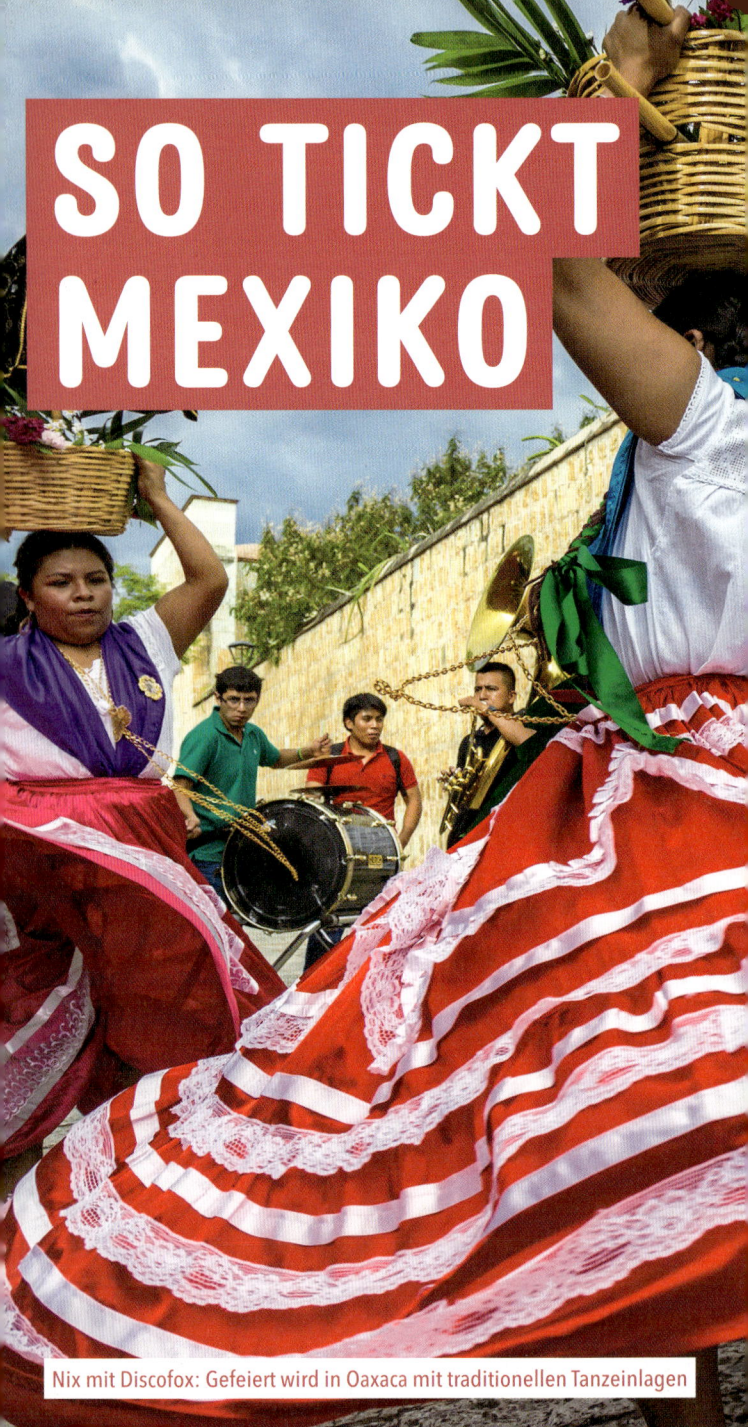

SO TICKT
MEXIKO

Nix mit Discofox: Gefeiert wird in Oaxaca mit traditionellen Tanzeinlagen

ENTDECKE MEXIKO

Palacio de Bellas Artes in der Hauptstadt: Jugendstil und murales aller großen Künstler

Regenwälder, in denen Pyramiden aufragen, schneebedeckte Vulkane und die Fluten der Karibik, Unesco-Welterbestätten im Dutzend, dazu mitreißende Musik und feuriger Tequila. Wale, die sich vor der Pazifikküste tummeln, und Korallenriffe mit gewaltigen Tropenfischen. Mexiko: nur ein einziges Land und doch ein Universum für sich!

BADEPARADIES MEXIKO

Neben faszinierenden, weltberühmten Strandorten wie Acapulco und Cancún gibt es noch unzählige kleine und verschwiegene Badebuchten – die Möglichkeiten sind atemberaubend. Immerhin hat Mexiko an Karibik und Pazifik mehr als 9000 km Küstenlinie. Während die pazifische Westküste in erster Linie für einen reinen Badeurlaub geeignet ist, kannst du auf der Yucatán-Halbinsel im

Ab 1000 v. Chr.
Die Olmeken errichten am Golf von Mexiko erste Pyramiden

250–900 n. Chr.
Klassische Epoche der Mayakultur im Süden Mexikos

1519
Hernán Cortés landet an der Ostküste bei Veracruz; als er 1521 Tenochtitlán erobert, sterben 100 000 Azteken

1521–1545
Eroberung und Missionierung; Errichtung spanischer Städte

Bis 1810
Von einst ca. 20 Mio. Indios überleben nur etwa 3 Mio.

1810
Der Priester Miguel Hidalgo ruft zur Befreiung des

Süden klassische Mayakultur und karibisches Strandleben ideal miteinander verbinden.

ABSEITS DER TOURI-PFADE

Noch weitgehend unentdeckt ist die 1300 km lange Halbinsel Baja California, eine Verlängerung Kaliforniens, die im äußersten Norden vom mexikanischen Festland abzweigt und in den Pazifik hineinragt. Glasklares Wasser, versteckte Sandbuchten und raue Felsklippen – die Landschaft ist von grandioser Erhabenheit. Außerhalb der Hotels tun sich wüstenartige Landstriche auf. In den zerklüfteten Schluchten der Sierras und auf den unbefestigten Schotterstraßen im Landesinneren fühlt man sich jenseits aller Zivilisation.

AUF DEN SPUREN VON INDIANA JONES

Pyramiden und Tempel überragen eine Lichtung im dichten Regenwald von Chiapas, die Atmosphäre ist von magischer Schönheit und das 21. Jh. scheint Lichtjahre entfernt. Die Vorfahren der heutigen Maya huldigten einer unsichtbaren Welt, die dennoch präsent war. Ihre Priester machten sie mittels Riten und Opfergaben zur zweiten Wirklichkeit. Unglaublich: Etwa 25 000 archäologische Stätten, die 1000 bis 2000 Jahre alt sind, wurden in Mexiko entdeckt. Nur 200 davon sind dem Dschungel entrissen, restauriert und zugänglich. Im yucatekischen Cobá spazierst du auf freigelegten Urwaldstraßen zu einer malerisch um Seen gruppierten Zeremonialstätte der Maya. In Tulum hast du von den auf einer Klippe gelegenen Tempeln einen atemraubenden Blick aufs Karibische Meer. Hoch über den Wolken liegt Monte Albán; um einen Platz für die Götter zu

Landes auf; zehnjähriger Bürgerkrieg

1821 Mexiko wird unabhängig und 1823 Republik

1910 Francisco Madero ruft zur Revolution auf; Bürgerkrieg

1976 Erdölfunde im Golf von Mexiko

2017 Mehrere Erdbeben erschüttern Zentralmexiko

2019 US-Präsident Trump will eine Grenzmauer zu Mexiko bauen

2020 Braunalgen bedrohen Yucatáns Karibikstrände

schaffen, trugen die Erbauer mühevoll die Kuppe eines Bergs ab. In Chichén Itzá offenbart sich zur Tagundnachtgleiche ein ungewöhnliches Schauspiel: Durch den Schattenwurf der Sonne entsteht der Eindruck einer sich langsam die Pyramide herabwindenden Schlange.

NICHT ZU UNTERSCHÄTZEN

Wer zum ersten Mal nach Mexiko reist, sollte seinen Aufenthalt gut planen. Es ist nicht ratsam, während weniger Wochen das ganze Land zu bereisen, weil man möglichst viel kennenlernen möchte. Mexiko ist eben ein Land von ungeheurer Vielfalt und Ausdehnung – mit einer Fläche von beinahe 2 Mio. km² ist es knapp sechsmal so groß wie Deutschland und misst in der Nord-Süd-Ausdehnung mehr als 3000 km: So ergibt sich für jeden die Gelegenheit, auf einer Reise sein eigenes Mexiko zu entdecken.

PULSIERENDE MEGACITY: EINE STADT, VIELE GESICHTER

Etwa Mexiko-Stadt, die chaotische, erdbebengefährdete und übervölkerte 25-Mio.-Metropole voller Smog und hupender Autos: Manche entdecken eine kosmopolitisch-kulturelle Großstadt der Paläste, Museen und Theater, andere lieben vor allem die großartigen Restaurants und die ausgefallenen, zu Hotels umgewandelten Haciendas, auf denen man sich in vergangene Epochen zurückversetzt fühlt. Eine Welt für sich wiederum ist das bunte, das folkloristische Mexiko der Straßenhändler, Garküchenbetreiber, der Gaukler im Alamedapark, der *Mariachi*-Kapellen auf der Plaza Garibaldi.

Mexikos Hauptstadt bietet einen Querschnitt durch nahezu alle Bevölkerungsgruppen. Kleine Jungen springen auf die verkehrsüberlasteten Avenidas, um an den Ampeln Zauberkunststücke vorzuführen, Fenster zu putzen oder Lose zu verkaufen. Die Pesos, die sie von den Autofahrern erhalten, sind ein wichtiger Beitrag zur Unterstützung ihrer Familie. Vor der Kathedrale am Zócalo stellen sich jeden Morgen arbeitslose Handwerker auf und hoffen auf einen Job – für einen Tag oder nur ein paar Stunden. Auf Knien rutschen gläubige Katholiken sonntags zur Basilika der Jungfrau von Guadalupe, der meistverehrten Heiligen des Landes. Attraktive Mexikanerinnen der Oberschicht stöckeln auf Stilettos durchs Einkaufsviertel Zona Rosa und shoppen in den exklusiven Boutiquen Designermode. Schuhputzer bieten ihre Dienstleistung Einheimischen und Touristen an und unterhalten mit dem verdienten Geld ihre Familien.

ON THE ROAD

Wer die Metropole verlässt, nutzt am besten das gut funktionierende öffentliche Verkehrssystem. Überlandbusse verbinden weit voneinander entfernt liegende Städte im Direktverkehr. Für die Verpflegung unterwegs ist bestens ge-

Ein Agavenfeld bei Tequila: Hier „wächst" das berühmte mexikanische Feuerwasser

sorgt: Händler verkaufen an den Bushaltestellen mit Hühnerfleisch gefüllte Tacos, „muy picante, señor!", Kokosnusskuchen, natürlich selbst gebacken, und Orangen. Nirgendwo erhältst du einen besseren Einblick in die mexikanische Gesellschaft als auf diesen Reisen quer durch das Land.

DSCHUNGEL, CAÑONS UND VULKANE

Im Norden beherrschen Kaktussteppen und Dornbuschsträucher die Landschaft, den Süden prägen tropische Regenwälder und undurchdringlicher Dschungel. Die Sierra Madre Occidental und Sierra Madre Oriental durchlaufen das Land in Nord-Süd-Richtung. Hier finden sich herrliche Eichen- und Kiefernwälder zwischen wild zerklüfteten Cañons. Die Barranca del Cobre, die legendäre Kupferschlucht, ist noch immer die Heimat von Pumas, Bären und Wölfen. Mit Ausnahme der Tarahumaraindianer leben nur wenige Menschen in dieser rauen Gegend. Schneebedeckte Vulkane wiederum liegen im zentralen Hochland. Ausgerechnet im Bereich der Sierra Volcánica Transversal, des vulkanischen Gebirges, befindet sich das Hauptsiedlungsgebiet der Mexikaner. Dass die Erde jederzeit beben kann, nimmt man hier mit Gelassenheit.

EIN HAUCH ALT-SPANIEN

Nirgends im ganzen Land findet man eine solche Anhäufung von kolonialen Städten wie im zentralen Hochland. In einem Radius von nur wenigen Hundert

Kilometern um Mexiko-Stadt entfaltete sich die koloniale Städtearchitektur in ihrer größten Pracht. Rund um eine zentrale *plaza* gruppieren sich die Kirche und die wichtigsten öffentlichen Gebäude. Kopfsteinpflasterstraßen verlaufen im Schachbrettmuster, gesäumt von niedrigen, prächtigen Häusern mit wuchtiger Holztür und schmiedeeisernen Gittern vor den Fenstern. Erst im Inneren der eher unscheinbar aussehenden Gebäude zeigt sich der ganze Reichtum ihrer Besitzer. Eine Oase der Ruhe eröffnet sich im Patio: Im Zentrum dieses arkadengeschmückten Innenhofs plätschert ein kunstvoll verzierter Springbrunnen. Blumen verströmen ihren Duft, Bäume spenden Schatten. Da die Mexikaner einige der schönsten dieser kolonialen Häuser in Hotels umgewandelt haben, bietet sich dir die Chance, diese einzigartige Atmosphäre zu genießen.

DAS BESTE AUS ALLEN WELTEN

Prunkvoll statteten die kolonialen Eroberer auch die Kirchen aus. Bei einer in Mexiko sehr verbreiteten Spielart des Barocks, dem Churriguerastil, verwendeten die Künstler eine überreiche Ornamentik und verzierten Engel, Heiligenfiguren, Blätter und Blüten, ja sogar Figuren aus der indianischen Mythologie über und über mit Blattgold. Die Kehrseite der Kolonialismusmedaille demonstrieren die in ehemaligen Kolonialpalästen untergebrachten Museen, die den langen und blutigen Weg zur Freiheit im Kampf gegen die Eroberer dokumentieren. Das heutige Mexiko ist eine aufregende Mischung verschiedener Kulturen: der präkolumbischen, der indianischen, der spanischen und der der modernen Mestizengesellschaft. Die Mestizen, Nachfahren der weißen Eroberer und der indianischen Ureinwohner, bilden heute die größte Bevölkerungsgruppe.

SCHWIERIGE GEGENWART

Während der letzten Jahre geriet Mexiko immer wieder in die Medien, denn das Land kämpft gegen eine Allianz von Drogenkartellen, korrupten Politikern und bestechlichen Polizisten. In diesem Drogenkrieg wurden bislang Zehntausende von Mexikanern getötet. Touristen bekommen in der Regel von diesen Kämpfen, von Gewalt und Erpressung nichts mit. Dennoch ist bei Reisen auf eigene Faust erhöhte Vorsicht geboten: Nach Einbruch der Dunkelheit darf man allein und an unbekannten Orten nicht unterwegs sein. Auch Überlandfahrten per Bus und mit Pkw muss man in einigen Bundesstaaten besser vermeiden. Hochburg der Auseinandersetzungen sind die Grenzorte zu den USA und die Provinzen Morelos und Guerrero.

Auf eine Reise nach Mexiko verzichten? Nein, das ist nicht nötig. Den Touristenzentren merkt man – mit Ausnahme eines erhöhen Polizeiaufkommens hier und dort – nichts an, und die Mexikaner schätzen es doppelt, wenn die Ausländer keinen Bogen um ihr Land machen und ähnlich wie sie davon überzeugt sind, dass die Lage bald besser wird.

AUF EINEN BLICK

129 MIO.
Einwohner

Deutschland: 82 Mio.

62 indigene Sprachen

darunter Nahuatl und Mayathan,
die von mehr als 2 Mio. Menschen
gesprochen werden

9330 km
Küstenlänge

Deutschland: 2389 km

NACHBARN

3144 km

misst die Grenze
zwischen Mexiko
und den USA

**HÖCHSTER BERG:
PICO DE ORIZABA**

5636 m

Der Vulkan wird auch
Citlaltépetl genannt

**AVOCADOERNTE
PRO JAHR**

3,2 Mio. t

Deutsche
Apfelernte:
ca. 935 000 t

CHIHUAHUA

kleinste Hunderasse der Welt, stammt aus Mexikos
größtem Bundesstaat mit gleichem Namen

35 UNESCO-WELTERBESTÄTTEN

darunter die Mayapyramiden
von Chichén Itzá und Uxmal

BEKANNTESTE PARTYMEILE

Avenida 5 in Playa del Carmen,
auch 5th Avenue genannt

MEXIKO-STADT
Kapitale und größte Stadt
des Landes (21,6 Mio. Ew.)

MEXIKO VERSTEHEN

GEBURT EINER NATION

Die Eroberung Mexikos 1521 durch Hernán Cortés war die Geburtsstunde des mexikanischen Volks: Es begann die Vermischung von Indianern und Spaniern. Heute bezeichnet man etwa 85 Prozent als Mestizen. Rund zwölf Prozent sind *indígenas* – die einstigen Herrscher des Landes bilden heute die ärmste Bevölkerungsgruppe und fühlen sich von den Mestizen unterdrückt. Diese wiederum sehen auf die *indígenas* herab, halten sie für faul und primitiv.

Rund 129 Mio. Ew. zählt Mexiko, ungefähr ein Sechstel davon lebt in der Hauptstadt. Die mexikanische Bevölkerung ist jung, etwa die Hälfte der Menschen ist unter 25 Jahre alt. Eine kleine Mittel- und Oberschicht steht der Masse der armen Stadtbevölkerung gegenüber. Aufgrund der hohen Inflation und der sinkenden Agrarpreise nimmt die Verarmung der *campesinos,* der Bauern und Landarbeiter, weiter zu. Da der Ertrag ihres Bodens oft nicht mal zur Selbstversorgung ausreicht, wandern viele der Jüngeren in die Stadt ab.

KULTURGUT BUNGEE

Sie nennen sich *voladores,* Vogelmenschen, stürzen sich zu Ehren ihrer Götter in die Tiefe, vollführen einen skurrilen Tanz, der schon beim Zusehen schwindlig macht: alles nur ein Touristenspektakel? Nein, ein Ritual, das seit über einem Jahrtausend bekannt ist und von der Unesco zum Kulturgut der Menschheit gezählt wird. Wo du die Artisten bewundern kannst? In Mexiko-Stadt gegenüber dem Anthropologischen Museum und vor Pyramidenanlagen befinden sich rund 30 m hohe Baumstämme. Wenn genügend Zuschauer versammelt sind, klettern fünf in Trachten gekleidete Männer hinauf und nehmen auf dem oben angebrachten Holzrahmen Platz. Zunächst tanzt der auf einer schmalen Plattform stehende Anführer und spielt Flöte. Auf ein Zeichen von ihm werfen sich seine vier Kameraden, an Seilen befestigt, kopfüber in die Tiefe. Bevor sich die Seile langsam rotierend abgewickelt und sie die Erde erreicht haben, vollführt jeder der *voladores* 13 Umdrehungen.

HACIENDA-TRÄUME

Nach der Eroberung Mexikos gründeten die Spanier große landwirtschaftliche Güter, sogenannte Haciendas, wo sie in prächtigen Herrenhäusern residierten. Da diese Landgüter oft isoliert lagen und daher autark sein mussten, entwickelten sie sich zu kleinen Dörfern mit Kirche, Laden und Häusern für die *peones,* die Arbeiter. Der Glanz der riesigen Güter ist inzwischen verblasst, doch einige der schönsten wurden restauriert und als Hotels wiedereröffnet.

WER HAT DIE MACHT?

Seit Jahren gefährden bewaffnete Auseinandersetzungen zwischen Polizei, Militär und Drogenkartellen sowie

Gewalt zwischen einzelnen Drogen- banden die Sicherheit Mexikos. Der sogenannte Drogenkrieg hat bislang etwa 200 000 Tote gefordert, weitere 30 000 Menschen wurden ver- schleppt. Sie heißen Sinaloa, La Fami- lia oder Tijuana: Kartelle, die jedes Jahr Drogen im Wert von 40 Mrd. Dol- lar in die USA bringen. Sie besorgen Rohkokain im Hochland von Südame- rika, lassen es strecken, über Zwi- schenhändler schmuggeln und zum Zehnfachen verkaufen. Die Drogen- bosse und deren Männer sind skru- pellos, wer sich ihnen in den Weg stellt, zu Aktionen gegen sie aufruft, wird brutal ermordet und die Fotos als Abschreckung veröffentlicht. In eini- gen Bundesstaaten (Chihuahua, Gu- errero, Michoacán) haben die Banden die staatliche Macht abgelöst.

Ausländische Touristen sind von den Auseinandersetzungen noch nicht be- troffen. Ein „landesspezifischer Sicher- heitshinweis" (keine Reisewarnung) des Auswärtigen Amts macht indes auf erhöhte Kriminalität in Mexiko aufmerksam.

Waghalsig stürzen sich die voladores zu Flötenklängen in die Tiefe

ALGENTEPPICHE

Von einem Tag auf den anderen kann aus einem Traumstrand ein stinkendes Fliegenparadies werden – immer dann, wenn tonnenweise abgerissene Braunalgen (Sargassum) an die Küste gespült werden. Leider ist das seit 2019 zunehmend ein Problem in Yuca- tán. Die Ursachen? Klimaerwärmung, der Einsatz von Chemikalien, die ins Meer gespült werden. Noch wird ge- rätselt. In den Badeorten an der Riviera Maya bemüht man sich jedoch, die braunen Haufen so schnell es geht zu beseitigen.

MADONNA MIT AUGENBRAUEN

Pablo Picasso war von ihren Bildern begeistert. In Amerika feierte sie mit nur 31 Jahren triumphale Erfolge und auch Europa hat sie entdeckt. Dabei blieb Frida Kahlo doch stets im Schat- ten des Malers Diego Rivera, mit dem sie zweimal verheiratet war. Während Riveras monumentale Wandbilder die öffentlichen Gebäude und Paläste Me- xikos zieren, malte sie, zurückgezogen in einem Zimmer ihres Hauses, klein- formatige Bilder, zumeist sich selbst. Bilder einer Verletzten: Mit 18 Jahren erleidet Frida Kahlo einen Verkehrs- unfall, wird operiert, bekommt ein Bein amputiert. Die Selbstbildnisse mit den zusammengewachsenen Augenbrauen werden später für Millionen von Euro versteigert, prangen heute auf Ansichtskarten, T-Shirts und Einkaufstaschen. Ihr ganzes Leben bleibt sie ihren beiden Leidenschaften treu: Diego Rivera und der Kunst. Die Casa Azul in Mexiko-Stadt, das Haus, in dem das Paar stritt und glücklich war, ist heute ein Museum.

Bunt im doppelten Sinn des Worts ist die Vogelwelt Mexikos

REPTILIENWELTMEISTER

Schon mal was von Biodiversität gehört? Gemeint ist eine große Artenvielfalt von Tieren und Pflanzen in einem bestimmten Gebiet. Mexiko ist hier Spitzenreiter, sozusagen ein Hotspot. Das reicht von Dutzenden von Affenarten über Wölfe und Wildkatzen zu mehr als 500 weiteren Säugetierarten sowie bunt schillernden Vögeln – zu den schönsten zählen Papageien und Kolibris. Und dann erst die Reptilien! Deren Vielfalt ist mit über 800 Arten nirgendwo auf der Welt größer. Bereits in der Touristenhochburg Cancún machst du Bekanntschaft mit träge in

der Sonne liegenden *iguanas,* meterlangen Leguanen. Die landschaftliche Vielfalt Mexikos hat daneben aber auch bei den Pflanzen einen ungeheuren Artenreichtum zur Folge. Während Westmexiko hauptsächlich von Tannen- und Kiefernwäldern geprägt ist, wachsen im tropischen Regenwald des Südens viele Edelhölzer sowie zahlreiche Orchideenarten. Bougainvilleen, Hibiskus, Oleander und Magnolienbäume sorgen für bunte Tupfer und nahezu allerorts gedeihen Kakteen.

WANDGALERIE

Man sieht sie überall im Land, oft in öffentlichen Gebäuden: *murales* (von *mural,* „Wand"), großflächige Wandmalereien als Kunstform in Freskotechnik. Sie zeigen und verfremden Ereignisse aus Mexikos Geschichte, geben soziale Probleme teils in ironischer und sarkastischer Weise wieder. Die ersten Wandmalereien tauchten Anfang des 20. Jhs. auf: politisch links orientierte Darstellungen aus der Geschichte der Eroberung sowie sozialkritische Betrachtungen des Großeigentums.
Bald erhielten die *muralistas* öffentliche Aufträge: Diego Rivera (1886–1957), der Ehemann von Frida Kahlo, gestaltete den Treppenaufgang und die Wand der ersten Etage des Nationalpalasts von Mexiko-Stadt. Der ebenfalls politisch engagierte Künstler José Clemente Orozco (1883–1949) verewigte sich mit seinem Meisterwerk „Mensch in Flammen" in einer Kuppel des Hospicio Cabañas in Guadalajara. Und José David Alfaro Siqueiros (1896–1974), einer der bedeu-

tendsten Künstler des Landes und überzeugter Kommunist, gestaltete große Teile des Palacio de las Bellas Artes sowie die Außenwand der Universitätsbibliothek in Mexiko-Stadt. Die Muralisten waren engagiert in ihrem Wunsch, auch den Armen und Unterdrückten, denen, die nicht lesen und schreiben können, die Geschichte ihres Landes näherzubringen. Der *muralismo* eroberte die Welt, gelangte auch nach Europa, selbst auf Sardinien schmücken in mehreren Bauerndörfern riesige sozialkritische *murales* die Hauswände.

HALLOWEEN A LA MEXICANA

Wer das Glück hat, am 2. November, dem Allerseelentag, in Mexiko zu sein, der kann ein bizarres Schauspiel beobachten. Am ⭐ 🚩 *Día de los Muertos,* dem Tag der Toten, davon sind die Mexikaner überzeugt, macht die Seele der Verstorbenen zu Hause einen Besuch. Für viele ist das der wichtigste Tag des Jahres, die Vorbereitungen beginnen schon Wochen vorher. Händler präsentieren die unentbehrlichen Requisiten: Totenköpfe aus Keramik und Pappmaché, Gruppen musizierender Skelette, aufklappbare Särge, mannshohe Gerippe, die vor den Eingangstüren postiert werden. Die Bäckereien verkaufen in grellen Zuckerguss getauchte oder mit Liebesperlen beklebte Totenschädel, Schokoladenskelette und Marzipansärge. Ist die bedeutsame Nacht endlich gekommen, werden in allen Häusern und auf dem Weg zum Friedhof Kerzen entzündet, die den Toten als Wegweiser dienen sollen. Im Totenzimmer

KLISCHEE KISTE

MORGEN STIRBT NIE

Mañana heiß nicht morgen – in Mexiko lernt man schnell, wie dehnbar dieses Wort ist. Warum sich hetzen, wenn man etwas später noch erledigen kann? „Wann gibt es wieder Garnelen?" Wenn die Antwort im Restaurant „mañana" lautet, weiß der Gast Bescheid. Und mit „un momentito" ist nie nur ein „Momentchen" gemeint. Vielleicht sind es zehn Minuten, vielleicht auch ein paar Stunden, bis der Tacostand wieder besetzt ist. Ein Handwerkertermin gegen zehn? Eine grobe Richtlinie, die auf den späten Vormittag abzielt. Später einzutrudeln, ist völlig okay. Insofern ist die Mañana-Mentalität der Mexikaner eine Tatsache, zu der man steht. Verschieberitis? Nein, die gelebte Kunst, sich dem Augenblick hinzugeben!

IM LAND DER ECHTEN KERLE

Tortas heißen die belegten Brötchen, die es überall an Ständen zu kaufen gibt, ebenso auch die Pobacken einer Frau. Und im Land des Machismo weiß jeder, was mit dem Verb „tortear" gemeint ist: Po grabschen! Gern in den überfüllten Metros der Hauptstadt. Schließlich will Mann als „muy macho" gelten. Um eine Frau für sich zu gewinnen, wird ein Feuerwerk an Romantik aufgeboten. Nach der Heirat ist es Ehrensache, seine Familie zu beschützen – und nach neuen Abenteuern Ausschau zu halten.

Die *Mariachi*-Musiker mit ihren Sombreros sind ein Inbegriff mexikanischer Folklore

ist ein Altar aufgebaut, der mit Blumen geschmückt und mit den Lieblingsspeisen des Verstorbenen beladen ist. Oder man pilgert mit den Gaben zu den Friedhöfen. Die Totenfeiern enden in einem fröhlichen Familienfest, bei dem die vorbereiteten Leckereien gegessen werden.

WIE GESCHMIERT
Eigentlich hat es alles, was es braucht: Erdöl, Erdgas, fruchtbare Böden, Fabriken, dazu Touristenstrände an gleich zwei Meeren, am Pazifik und in der Karibik. Dass Mexiko dennoch weit hinter den wirtschaftlichen Erwartungen zurückbleibt, liegt vor allem an Korruption und Steuerhinterziehung im großen Stil. In Europa wäre es ein gewaltiger Skandal, in Mexiko nimmt man es schulterzuckend hin: Allein zwischen 2012 und 2020 wurden an

die 50 Gouverneure beschuldigt, Geld veruntreut zu haben. *La Mordida* – Schmiergeld, Bestechung – gehört zum täglichen Leben. Korruption? Für die Mexikaner eher die Gewohnheit, mit ein paar Scheinchen ein Problem zu lösen.

ETIKETTENSCHWINDEL?
Großer Beliebtheit erfreuen sich seit einigen Jahren die sogenannten ökologischen Parks, die in landschaftlich herausragenden Gebieten eingerichtet wurden. Sie ermöglichen den Besuchern auf umweltverträgliche Weise einzigartige Naturerlebnisse. Auf *ecoturismo* spezialisierte Reisebüros bieten geführte Bergtouren, Wildwasserfahrten u. a. an. Auf der Halbinsel Yucatán sind an der Riviera Maya zahlreiche neue Ökoparks entstanden. Da die kommerziellen Anlagen Xcaret,

Xel-Há und Tres Ríos überaus erfolgreich waren und hohe Einnahmen erzielten, wurden weitere Parks entwickelt. Bei diesen kommerziellen *parques ecológicos* ist die Bezeichnung *eco* bzw. „öko" in der Regel nur Lippenbekenntnis. Die zuvor wenig berührte Natur wurde für Besucher erschlossen und hergerichtet – mit betonierten Parkplätzen und den angesagten Ziplines (Stahlseile, an denen man über eine Schlucht, einen Fluss oder einfach durch die Landschaft gleitet).

RAUSGEPUTZT

Sie tragen coole Uniformen mit schwarzen Anzügen, Goldknöpfen und -tressen, dazu gewaltige Hüte, spielen Geige, Trompete und Gitarre: Mexikokenner wissen nicht nur, wo im Land man garantiert auf *Mariachi*-Kapellen trifft – z. B. auf der Plaza Garibaldi in der Hauptstadt oder auf der Quinta Avenida von Playa del Carmen –, sondern hantieren auch gekonnt mit dem musikalischen Repertoire. Verliebt, aber ziemlich pleite? Dann wäre „No Tengo Dinero", wo es heißt: „Alles, was ich habe, ist Liebe", keine schlechte Wahl. Der Ex-Lover ist noch lange nicht vergessen? Bei „Volver, Volver" schmettern die Herren inbrünstig vom „Zurückkehren in seine Arme". Und immer richtig liegst du mit „El Rey", der mexikanischen Variante von „I did it my way".

DER-TIPP
Heiratsantrag mit Kapelle?

ZAUBERSPRÜCHE STATT PILLEN

Es kann ausreichen, die Äste des heiligen Kapokbaums abzubrechen, Wind, Feuer und andere Elemente zu missachten oder Känänk'ax, den Hüter des Dschungels, zu verärgern: Sehstörungen und übelste Kopfschmerzen!

Die Maya, die in kleinen Dörfern nahe den Pyramiden- und Tempelanlagen in Yucatán leben, gehen in solchen Fällen zum Schamanen. Der heißt *h'mèn* (Macher), weil er hellsehen und heilen kann. Ein guter Mayaschamane kennt jedes Kraut, das im Dschungel wächst, und ist Meister in Ritualen, die gesund machen. Oft hilft es bereits, wenn der *h'mèn* mit gesegneten Blättern über Kopf und Schulter des Patienten bürstet und Mantras spricht: Dann wird blitzschnell die von Geistern verursachte Krankheit aus dem Körper gesogen. Alles nur Placebo? Wer weiß das schon. Super ist auch der abschließende Schamanenrat an den Patienten: „Hüte dich davor, heilige Bäume zu verletzen!"

TREFFPUNKT SOCKEL

Der riesige Platz zwischen Kathedrale und Nationalpalast in Mexiko-Stadt, von Hernán Cortés selbst angelegt, blieb lange leer. Schließlich entschloss man sich dann zur Errichtung eines Standbilds und baute dafür zunächst den Sockel – spanisch *zócalo*. Aus dem Standbild wurde jedoch nichts: Der Platz ist nach wie vor leer. Aber die Leute trafen sich seit jeher auf dem zentralen Platz ihrer Stadt, und um sich schneller zu finden, verabredete man als Treffpunkt den Sockel. Bald hieß der ganze Platz so, und es dauerte nicht lange, dann nannte man in fast jeder mexikanischen Stadt den zentralen Platz einfach Zócalo.

ESSEN
SHOPPEN
SPORT

In eine andere Welt eintauchen? Geht in den *cenotes* der Riviera Maya

ESSEN & TRINKEN

Tacos und Tortillas sind Gerichte, von denen die Mexikaner wohl nie genug haben. Mais, der Grundbestandteil, war schon vor Jahrhunderten für Maya und Azteken Lebensmittel und Religion zugleich. Heute kennen die Menschen Hunderte von Rezepten, die sich um die Pflanze drehen, aber jeder hat seine zwei bis drei Lieblingsrezepte.

SUPER (FAST) FOOD
Tortillas, Fladen aus Maismehl, in die verschiedene Zutaten eingerollt werden, fordern die Fantasie heraus. Lecker, gesund und günstig sind sie obendrein. Auch vegane Varianten mit Kichererbsen und Salat werden immer beliebter. Frittiert wird der Fladen zum Taco, in den Käse, Huhn- oder Fischstücke, Hackfleisch, Eier oder Gemüse eingeschlagen sind. Gefüllt und in einer pikanten Sauce gekocht isst man ihn als *enchilada,* mit Sauerrahm oder Käse bedeckt als *enchilada suiza* oder mit Käse gefüllt als *quesadilla.* Gebratene und mit Fleisch, Bohnenpüree und Käse belegte Tortillas wiederum nennt man *tostadas.* Und sind die Fladen statt aus Mais- aus Weizenmehl gebacken, heißen sie *burritos.*

MEHR ALS TORTILLAS UND CO.
Doch Mexikos Küche, seit 2010 Weltkulturerbe der Unesco, hat unendlich mehr zu bieten als die außerhalb des Landes bekannten Texmex-Gerichte. Da sind z. B. die leckeren Eintöpfe, *pozoles* genannt. Aus Yucatán stammt die exotisch duftende Limettensuppe, die mit Hühnerfleisch gekocht wird. Saucen aus Avocado, Tomaten und Chilis bereichern die Gerichte. Mit grob gehackten Zutaten, *salsa mexicana cruda* genannt, stehen sie auf den Theken der *taquerías,* damit du dich bedienst. Als Nationalgericht gilt mole poblano, eine Sauce mit verschiedenen Chilisorten, vielen

Mexiko auf der Zunge: undenkbar ohne Guacamole (li.) und eine Tequilaprobe (re.)

Gewürzen und – unverzichtbar! – einem Hauch Schokolade, die am liebsten zu Truthahn gereicht wird.

Zu zahlreichen Gerichten werden Bohnen *(frijoles)* serviert, oft gebraten als Bohnenbrei *(frijoles refritos)*. Zutaten wie frischer Agavensaft, Hibiskusblüten und geschmorte Bananenblätter setzen exotische Akzente.

HOCHLANDCHILIS UND KÜSTENFISCH

Besonders traditionsreich ist die Küche des Hochlands. In den Klosterküchen der Kolonialstadt Puebla wurden die ersten *chiles poblanos* – mit Hackfleisch, Früchten und Nüssen gefüllte Chilischoten – kreiert, die zu den beliebtesten Gerichten der Mexikaner zählen. Entlang der Pazifikküste gehören Fisch und Meeresfrüchte auf die Teller, etwa über Holzkohle geräucherter *róbalo* (Wolfsbarsch) und *camarones* (Garnelen) in würziger Zubereitung. Berühmt

ist der pescado a la veracruzana: Fischfilet mit einer Sauce aus Tomaten, Kapern, Chili und grünen Oliven.

Auch wenn die Fischgerichte in den kleinen Strandküchen noch so verlockend aussehen: Wenn keine Speisekarte vorhanden ist, solltest du nach dem Preis fragen und sicherstellen, dass beide Parteien ihn verstanden haben und sich einig sind.

NEUE TWISTS AM HERD

Bei jungen Leuten der Mittelschicht ist die Landesküche schwer angesagt. Überlieferte Rezepte werden kreativ abgewandelt mit exotischen Gemüsesorten, Früchten und manchmal sogar Insekten – mit gebratenen Heuschrecken *(chapulines)* etwa, die gelten als proteinreich und fettarm. In nopales, den fleischigen Blättern des Feigenkaktus, steckt viel Gutes. In Streifen geschnitten und gegrillt sind

INSIDER-TIPP
Die piksen auch nicht

sie traditionell als Beilage geschätzt. Heute ist die Frucht, deren leicht bitterer Geschmack entfernt an Gurke erinnert, aber vor allem wegen ihrer gesundheitsfördernden Eigenschaften angesagt. Chiasamen, mit ihrem hohen Gehalt an Omega-3-Fettsäuren längst ein globaler Superfood-Trend, waren für die alten Maya einst Grundnahrungsmittel. Heute besinnt man sich auch in Mexiko darauf, es wird kräftig mit Rezepten experimentiert.

GUTER START IN DEN TAG

Das mexikanische *desayuno* (Frühstück) ist reichhaltig. Frischer Orangensaft, aufgeschnittene Mangos, Papayas und Melonen gehören dazu, ebenso kleine Kuchen, süße Brötchen und Toast. Unverzichtbar sind auch *huevos rancheros* (Spiegeleier auf Tortillas mit Chilisauce und Bohnenbrei) und *huevos a la mexicana* (Rühreier mit Tomate und Chili). Dazu serviert man *café americano* (leider oft recht dünn), seltener einen *café de olla*, einen mit Zimt veredelten, starken Kaffee. Zunehmend bekommst du auch guten Cappuccino. In den Hotels werden meist üppige Buffets aufgebaut, an denen du dich nach Herzenslust bedienen kannst.

SPÄTE TISCHRUNDE

Das sollte reichen bis zum Mittagessen, das in Mexiko erst gegen 14 Uhr ansteht und meist nur aus einem Snack besteht. Wer es sich leisten kann, isst ausgiebig mit Familie, Freunden und Kollegen. Nach einer Suppe ordert man das Gericht des Tages *(comida corrida)*, gefolgt von einem üppigen Dessert. Als Einstimmung gehören ein frisch gepresster Saft bzw. ein Aperitif dazu. Spät wird auch zu Abend gegessen, meist nicht vor 21 Uhr.

In Mexiko-Stadt und den Städten aus der Kolonialzeit gibt es stilvolle Restaurants in historischen Gebäuden. Dort sitzt du in romantischen Innenhöfen mit plätschernden Brunnen und üppigen Pflanzen. Oft werden die Gäste mit mexikanischer Volksmusik unterhalten.

¡SALUD!

Als Aperitif sind Piña colada und Margarita die Klassiker. Perfekt zum Essen passt einheimisches Bier. Corona, Sol oder Modelo? Weder noch, schon lange haben auch die Mexikaner Craftbier entdeckt, ist *cerveza artesanal* in aller Munde. Neuerdings werden die Brauer richtig tollkühn und experimentieren sogar mit Schokolade, Chili und Ingwer. Die mexikanischen Weine schmecken gut und sind wesentlich preiswerter als die importierten.

Tequila, der hochprozentige, aus vergorenem Agavensaft gewonnene, zweifach destillierte und in Eichenfässern gereifte Branntwein, ist nicht nur Exportschlager, sondern erfreut sich als Nationalschnaps ungebrochener Beliebtheit. Während man die jüngeren Jahrgänge mit Salz und Zitrone trinkt, genießt man reifen Tequila *(añejo)* pur wie einen guten Cognac. Vor Leitungswasser, mit Eiswürfeln gekühlten Getränken, Speiseeis, rohem Gemüse und ungeschältem Obst ist zu warnen. Bei „Montezumas Rache" hilft das mexikanische Präparat Lomotil (Vorsicht bei Schwangerschaft!).

Unsere Empfehlung heute

Vorspeisen

CALDO TLALPEÑO
Brühe mit Hühnchen, Zwiebeln,
Chili und Avocado

CEVICHE
Cocktail aus rohen Meeresfrüchten
mit Zwiebeln und Tomaten

GUACAMOLE
pürierte Avocados
mit Zitronensaft und Tomaten

CHICHARRONES
knusprig gebackene Stückchen
Schweineschwarte

TAMALES
in Maisblättern gedämpfte Maisklöße,
gefüllt mit Fleisch und Chili

Hauptgerichte

CHILES EN NOGADA
gekochte Chilischoten in Nusssauce

CARNE ASADA
dünne, gebratene Rindfleischscheiben

COCHINITA PIBIL
yucatekisches Wildschweingericht,
kräftig gewürzt

POCCHUC
yucatekisches Schweinefleisch,
in Orangensaft mariniert

POLLO ASADO
scharf gewürztes Brathähnchen

POZOLE
Eintopf aus Mais, Schweinefleisch,
Tomaten, Chili und Zwiebeln

Getränke

AGUA FRESCA
Wasser mit püriertem Obst oder
Fruchtsaftkonzentrat

LICUADO
Milchshake mit pürierten
Bananen, Mangos oder Erdbeeren

PULQUE
vergorener Agavenmost

XOCOLATL (CHOCOLATL)
heiße Schokolade mit Wasser und Zimt

PIÑA COLADA
Kokosnusscreme, Ananassaft und Rum

MARGARITA
Limettensaft mit Tequila und
Orangenlikör

SHOPPEN & STÖBERN

GUTE LAUNE FÜR ZU HAUSE

Mexikanisches Kunsthandwerk ist hochwertig, witzig, inspirierend und sehr farbenfroh. Schon das Stöbern auf Märkten und in kleinen Shops macht gute Laune. *Arte Popular* oder *artesanías* – so die Bezeichnung für die künstlerisch gearbeiteten Stücke – spiegeln die in Mexiko verbreitete Liebe zum Bunten, Fröhlichen und Skurrilen. Größere Städte haben regierungseigene Fonart-Geschäfte und *casas de artesanías,* in denen zu festen Preisen ein erster Überblick angeboten wird. Ob Silberschmuck und Keramik oder feine Holzarbeiten mit Lackmalerei: Die Kunsthandwerksproduktion ist regional ausgerichtet, sodass du auf der Reise durchs Land immer neue Produkte und Herstellungstechniken sehen wirst.

MEXIKANISCH ABHÄNGEN

Unentbehrliches Requisit des mexikanischen Dolce Vita sind Hängematten *(ha-macas).* Besonders groß ist die Auswahl in Mérida (Yucatán), aber in letzter Zeit öffnen auch immer mehr Läden an der Pazifikküste und im Hochland, lassen sich auch bei Straßenhändlern tolle Schnäppchen machen. Toll sind die *Matrimonial* genannten, 2,50 m breiten Hängematten, die bis zu drei Personen in den Schlaf schaukeln können.

SCHICK WIE FRIDA

Bunt und fröhlich sehen die handbestickten Trachtenblusen und -kleider aus, deren Stil an Frida Kahlo erinnert. Die schönsten Stücke gibt es in Chiapas, dem Bundesstaat mit dem höchsten Indianeranteil, wo Frauen *huipiles* tragen, blusenartige, handgewebte Überwürfe, die mit Brokat- oder Stickmotiven verziert sind. Dazu kommen ein Rock *(corte),* der mit einem Gürtel zusammengehalten wird, sowie ein handgewebter Schal *(rebozo).* Kauf besser direkt bei den Indiofrauen ein, statt in den teuren Ge-

Die bunten Handwerkswaren auf Mexikos Märkten machen schon beim Angucken Laune

schäften, die die Produzenten nur zu einem Bruchteil am Gewinn beteiligen.

SCHÖNHEITSMITTEL DER MAYA

In Yucatáns Badeorten, besonders in Tulum, gibt es immer mehr Geschäfte, die nach überlieferten Rezepturen der Maya hergestellte Pflanzen- und Kräutercremes verkaufen. Viele davon enthalten Aloe vera, in Mexiko eine der ältesten Heilpflanzen. Noch ein Geheimtipp sind die Parfums von *Coqui Coqui*, kreiert vom früheren Burberry-Model Nicolas Malleville, die du auf der Karibikhalbinsel in kleinen Boutiquen entdeckst sowie in den Shops von Mallevilles Coqui-Coqui-Hotels u. a. in Mérida und Coba.

INSIDER TIPP
So duftet Yucatán

ZUCKERSÜSSE CATRINA

Tanzende, in Rüschen gekleidete Skelette, Totenköpfe aus Schokolade und mit Liebesperlen verziert: Im Oktober und November ist die Auswahl besonders groß, doch in den Touristenorten, allen voran Playa del Carmen, schmückt La Catrina, die mexikanische Symbolfigur des Tags der Toten, das ganze Jahr über T-Shirts, Becher und Taschen.

HOCHPROZENTIGE MITBRINGSEL

Lohnend ist der Kauf hochwertiger Tequilamarken, die es zu Hause nicht bzw. nur deutlich teurer gibt. Empfehlenswert sind z. B. die gereiften Sorten von Don Julio oder Cuervo. Der Namenszusatz *reposado* kennzeichnet zwölf Monate gereiften Tequila. *Añejo* wurde zwischen ein und drei Jahren, *extra añejo* über drei Jahre im Fass gelagert. Auf Tequila spezialisierte Geschäfte, oft *Tequila Museum* genannt, bieten Hunderte Sorten und auch Verkostung an. Stilvoll dazu sind mundgeblasene oder aus recyceltem Material gefertigte Tequilagläser. Aber auf keinen Fall Massenware aus Fernost andrehen lassen!

SPORT

Aktiv zwischen Himmel und Erde: In Mexiko reicht die Palette von der Vulkanbesteigung bis zum Tauchgang im unterirdischen Fluss, vom Trekking in der Wüste von Baja California bis zur Kajaktour auf dem Wildwasser im südmexikanischen Regenwald. Und rund 10 000 km Küste garantieren ein gewaltiges Angebot an Wassersport. Übrigens: Ein Zusammenschluss von mexikanischen Reiseveranstaltern für Aktiv-, Erlebnis- und Natururlaub ist *Amtave (amtave.org)*.

BERGSTEIGEN & WANDERN

Geübt, trittsicher und schwindelfrei solltest du sein beim Besteigen von Mexikos anspruchsvollen 5000er-Vulkanen. Bei einer organisierten Trekkingtour startest du in der Regel mit dem „Akklimatisierunsggipfel" Malinche (4461 m) östlich der Hauptstadt, bevor es weitergeht zum höchsten Berg des Landes, dem Pico de Orizaba (5636 m). In der Umgebung und in der Stadt Puebla sind kompetente Bergführer und Veranstalter zu finden, falls man nicht gleich von zu Hause aus eine entsprechende Reise bucht.

Einfache bis mittlere Kondition reichen aus beim mehrtägigen Trekking in der Kupferschlucht. Die Hotels entlang der Bahnstrecke organisieren bzw. vermitteln geführte Touren. Unterwegs werden Dörfer der Tarahumaraindianer, Wasserfälle und einsame Seen passiert – ein echtes Erlebnis. Als Ausgangspunkt bietet sich der Ort Creel an, da dort die entsprechende Infrastruktur besonders gut ist.

GOLF

Abschlagen auf Golfplätzen, die umgeben sind von dichtem Regenwald und bevölkert von *iguanas* (Leguanen), putten zwischen alten Mayatempeln und Aztekenpyramiden – in Me-

Durchaus möglich, dass dir beim Schnorcheln in Quintana Roo ein Walhai Hallo sagt

xiko ist Golf auch ein landschaftliches Highlight. Neben dem Golfmekka Los Cabos an der Südspitze von Baja California sind noch mehr als 200 weitere Topanlagen über das ganze Land verteilt. Viele davon finden sich in der Umgebung von Mexiko-Stadt, darunter solche, die von legendären Golfplatzarchitekten wie Robert Trent Jones, Jack Nicklaus oder dem Mexikaner Jaime Padilla entworfen wurden. Auf der Halbinsel Yucatán ist der Platz *El Camaleón (Mayakoba Resort | Carretera Federal (MEX 307) km 289, 11 km nördl. von Playa del Carmen | Tel. 0984 2 06 46 50 | Greenfee ab 229 US-$, Twilight 180 US-$ | mayakobagolf.com)* bei Cancún sogar Stopp für die US-amerikanische PGA-Tour. Der Kurs wurde von Greg Norman entworfen und kann von Anfängern genauso wie von Topgolfern gespielt werden. Weitere Infos: *ccq.com.mx, golfinmexico.net*

JAI ALAI
Bei dem aus dem Baskenland stammenden Spiel Pelota, in Mexiko oft *jai alai* genannt, wird ein Ball mit der Hand, einem Tennis- oder Holzschläger oder einem handschuhähnlichen Fangkorb mit großer Geschwindigkeit gegen eine Wand geschlagen. Der Spielgegner muss ihn dann parieren. Zwei oder vier Personen treten gegeneinander an, das Spielfeld *(frontón)* liegt im Freien oder in einer Halle. Spielgelegenheiten, *palacio frontón* oder *palacio jai alai* genannt, gibt es in fast jeder Stadt. Die *Federación Mexicana de Frontón (femexfronton.mx)* erklärt die Einzelheiten des Sports.

REITEN
Reiten ist in Mexiko beliebt. Überall im Land und besonders in der Nähe von Touristenhochburgen haben sich Reitställe etabliert. Ausritte entlang der Strände ebenso wie mehrtägiges

Trailreiten kannst du spontan vor Ort buchen. Besonders gut ist das Angebot in den Badeorten entlang der landschaftlich aufregenden Pazifikküste wie beispielsweise in Mazatlán und Puerto Vallarta. Für leidenschaftliche Pferdefans attraktiv ist auch ein Aufenthalt auf einer Gästeranch, die täglich Ausritte auf bestens gepflegten Pferden veranstaltet. *Pegasus-Reiterreisen (reiterreisen.com/pegasus)* gehört zu den renommiertesten Anbietern solcher Programme.

STAND-UP-PADDLING

Mit dem SUP-Board übers Meer zu gleiten, liegt auch an der Pazifikküste und an der Riviera Maya voll im Trend. Vorausgesetzt das Wasser ist ruhig – was etwa in Yucatán zwischen September und November meist nicht der Fall ist. Die meisten Strandhotels im Vier- und Fünf-Sterne-Bereich halten Ausrüstung bereit und geben Tipps für den Anfang.

TAUCHEN & SCHNORCHELN

Mantarochen, Haie, tropisch bunte Fischschwärme zwischen farbenprächtigen Korallengärten: Das Topziel ist die Ostküste der Karibikhalbinsel Yucatán, denn dieser ist das zweitlängste Korallenriff der Welt vorgelagert. Ein Traum für Taucher sind besonders die dem Festland zugewandten Seiten von Cozumel und der Isla Mujeres. Wobei Tauchen und Schnorcheln auf der kleinen Isla Mujeres weniger Trubel bedeutet und auch weniger Kosten als z. B. auf Cozumel. Es gibt ein vielfältiges Angebot von Riff- und Wracktauchen über

Ökotauchen bis zu Unterwasserfotografie, außerdem unterschiedliche Programme für Anfänger und Profis. Einzigartige Tauchplätze sind auch die *cenotes* – mit Wasser gefüllte Becken im porösen Kalkstein –, die Lagunen und unterirdischen Flüsse der Riviera Maya in Yucatán. Etwas ganz Besonderes ist der *Cenote Zaci* in der kleinen Kolonialstadt Valladolid: günstig, traumhaft schön und bislang nur wenig besucht.

INSIDER-TIPP
Abtauchen unter Locals

Ein super Tauchziel ist außerdem der Süden von Baja California, hier tummeln sich riesige Fischschwärme, Wale und Rochen. Zwischen Juli und März kannst du in der Bucht vor La Paz sogar Walhaie erleben.

WASSERSPORT

Die Pazifikküste ist ein einziges Erlebnis mit Weltklasse-Surfspots wie Puerto Escondido, Zicatela (Oaxaca) oder Troncones (nördl. von Zihuatanejo/Ixtapa). Du kannst Segeltouren auf Katamaranen und Yachten buchen oder mit den Fischern rausfahren. In den unzähligen Buchten ist Wassersport aller Art verbreitet.

Nicht billig, aber ein Erlebnis: Die Riviera Maya lockt mit ökologischen Freizeitparks im Disney-Stil, die auch Wassersport anbieten. Eine gute Gelegenheit, in traumhaft schöner karibischer Umgebung zu schwimmen und zu schnorcheln. Die Gewässer der Parks bilden ein natürliches Aquarium, Fußwege und Brücken führen in den von viel Wasser durchzogenen Wald. Zu den ältesten und besten Anbietern gehören *Xel-Há* und *Xcaret (beide s. S. 152)*. Die Parks bieten auch All-inclusive-Pakete sowie weitere kostenpflichtige Attraktionen und Sportarten.

WILDWASSERFAHREN

Das Hochland Mexikos besitzt zahlreiche Flüsse, auf denen du Riverraftingtouren in Wildwasser unternehmen kannst. Im Bundesstaat Veracruz eignen sich gleich mehrere Flüsse fürs Whitewaterrafting. So gilt z. B. das Dörfchen Jalcomulco mit mehreren Anbietern als Mekka für Wildwasserfahrer. Der Río Antigua bietet 20 km anspruchsvolle Stromschnellen (nur für Fortgeschrittene). Für Einsteiger ebenso wie für Kinder und Jugendliche geeignet ist der Río Ac-

topan, der auf einer Strecke von 15 km über viele kleinere Kaskaden führt.

WINDSURFEN

Die lange Pazifikküste Mexikos – sowohl an der Halbinsel Baja California als auch am Festland – ist ein klasse Surfrevier. Auch Cancún und die Riviera Maya ziehen zunehmend Surfer an. Wegen der günstigen Winde und der guten Infrastruktur kommen die Sportler bevorzugt in einige Orte der Westküste, darunter Pie de la Cuesta bei Acapulco, San Blas und Puerto Escondido. Auf der Halbinsel Baja California sind San Carlos, Cabo San Lucas, die Bahía de Los Ángeles und Los Barriles südlich von La Paz sehr beliebt.

Wild und schnell wird's beim Rafting auf dem Río Tampaón

DIE REGIONEN IM ÜBERBLICK

USA

Canadian

Pecos

Tijuana
Mexicali

Ciudad Juárez

Rio Bravo

Yaqui

del Norte

Chihuahua

Golfo de California

Conchos

R. Fuerte

DER NORDEN S. 94

Kontraste erleben zwischen Kakteen, Meer und wilden Canyons

ZENTRALES HOCHLAND S. 4

R. Grande de Santiago

Léon

Unter dem Vulkan: Pracht und Lebenslust vereint

Guadalajara

L. de Chapala

O c é a n o

DIE WESTKÜSTE S. 76

Muy bonito! Schildkötenbabys, Wale und goldene Strände

P a c í f i c o

250 km
155.35 mi

YUCATÁN S. 136

Alles drin: Reggae an Karibikstränden, Marimbaspieler in Mérida

GOLF VON MEXIKO S. 126

Für Fortgeschrittene: Tanzen auf dem Zócalo von Villahermosa

DER SÜDEN S. 108

Mayapyramiden im Regenwald und indianisches Brauchtum

Red

Mississippi

Colorado

Golfo de México

Rio Grande

Monterrey

Laguna Madre

Tampico

Mérida

Pánuco

Veracruz

CIUDAD DE MÉXICO

B. Usumacinta

BELIZE

Acapulco

GUATEMALA

HONDURAS

EL SALVADOR

ZENTRALES HOCHLAND

Riesige Metropolen machen das Hochland aus. Hier erwarten dich Pyramiden, Tempel und die prächtigsten Kolonialstädte des Landes. Und über allem thronen die Vulkane: Die Sierra Volcánica Transversal beherrscht die Landschaft. Gebildet wird sie von Mexikos höchsten Bergen und Vulkanen – heute sind sie überwiegend inaktiv und teilweise schneebedeckt. Sonst aber herrscht ewiger Frühling. Meist scheint die Sonne, nur nachts wird es ein wenig kühl.

Schnee drüber: Der Vulkan Pico de Orizaba hat schon sehr lange nicht mehr gespuckt

Eine Fahrt ins zentrale Hochland ist eine spannende Reise zu den Wurzeln des modernen Mexikos. Hier, auf einer Hochebene von über 2000 m, siedelten die ersten Menschen schon vor Tausenden von Jahren, gründeten im 14. Jh. Azteken ihre Hauptstadt. Auf deren Trümmern ließ der spanische Konquistador Hernán Cortés prunkvolle Kirchen und Paläste erbauen: die Geburt von La Ciudad de México (Mexiko-Stadt), der heute bevölkerungsreichsten Metropole auf dem amerikanischen Kontinent.

ZENTRALES HOCHLAND

Charcas

Venad

Valparaíso

Jerez

✈ Zacatecas S.71

Trancoso

Salinas de Hidalgo

ZACATECAS

Ojocaliente

Villa Gonzalez Ortega

Ahualulco

Huejúcar

Villanueva

MEX 45 D

Rincón de Romos

Loreto

Monte Escobedo

Colotlán

MEX 54

Jesús María

Villa Juárez

San Luis Potosí S.69

Tabasco

MEX 23

Ojocaliente

Aguascalientes

SAN LUIS POTOSÍ

MEX 80 D

Ojuelos de Jalisco

Villa de Rey

Tlaltenango de Sánchez Román

Jalpa

Villa Hidalgo

✈

Encarnación de Díaz

San Felipe

Florencia

Apozol

Teocaltitche

MEX 54

El Santuario

MEX 70

San Juan de los Lagos

MEX 45 D

Lagos de Moreno

Mezquital del Oro

GUANAJUATO

MEX 80 D

León

Guanajuato ★ S.66

San Julián

San Francisco del Rincón

Silao

✈

Trompo Mágico – Museo Interactivo
9

Instituto Cultural Cabañas ★
Zentrum von Guadalajara ★

🚌 550 km, 5¾ Std.

8

Tequila
Tlaquepaque Tonalá
10 **10**

Guadalajara S.71

Ciudad Manuel Doblado

Irapuato

Salamanc

Acatlán de Juárez

Chapala

Ocotlán

La Piedad de Cabadas

MEX 90 D

MEX 43 D

Lema

11 Lago de Chapala

La Barca

MEX 15 D

Pastor Ortiz

Mismaloya

Ecuandureo

Panindicuaro

Moroleó

JALISCO

Mazamitla

Jiquilpan de Juárez

Zamora

Lago de Cuitzeo

MEX 54 D

Tingüindín

Chilchota

Huaniqueo de Morales

Ciudad Guzmán

Cherán

7 Lago de Pátzcuaro

Morelia S.58

Peribán de Ramos

Pátzcuaro

Queseria

Jilotlán de los Dolores

Uruapan

Condémbaro

Ario de Rosales

✈

Tepalcatepec

MEX 37 D

Buenavista Tomatlán

▲
50 km
31.08 mi

Nueva Italia de Ruíz

La Huacana

Coalcomán de Vázquez Pallares

Presa Infiernillo

Churumuco de Morelos

MARCO POLO HIGHLIGHTS

★ **ZÓCALO VON MEXIKO-STADT**
Der gewaltige Platz ist umgeben von mächtigen Gebäuden – dagegen sehen alle anderen Plätze mickrig aus ➤ S. 45

★ **MUSEO NACIONAL DE ANTROPOLOGÍA**
Einzigartige Schätze der präkolumbischen Kulturvölker, großartig präsentiert ➤ S. 48

★ **TEOTIHUACÁN**
Pyramiden, Tempel, Grabstätten in einer 2000 Jahre alten Aztekenstadt ➤ S. 52

★ **SANTA MARÍA TONANTZINTLA**
Über den barocken Kuppeln der Kirche von Cholula grüßt der Popocatépetl ➤ S. 57

★ **TAXCO**
Schlendere durch die hübschen Gässchen der Silberstadt am Fuß der Berge ➤ S. 57

★ **SAN MIGUEL DE ALLENDE**
Kolonialer Bilderbuchort: Wer nach SMA kommt, will so schnell nicht mehr weg ➤ S. 64

★ **GUANAJUATO**
Ein verrückteres, antikes Straßensystem als in der Bergwerksstadt gibt es nirgendwo, dazu die schönsten *plazas* des Landes ➤ S. 66

★ **ZENTRUM VON GUADALAJARA**
Diese Altstadt ist der Wahnsinn: Paläste und *plazas* zum Gucken, Cafés und Straßenrestaurants zum Genießen ➤ S. 72

★ **INSTITUTO CULTURAL CABAÑAS**
Ein ehemaliges Waisenhaus verwandelte sich in einen Stadtpalast und glänzt als Museum und Kulturzentrum ➤ S. 72

MEXIKO-STADT

(□ L9–10) **Bereits vom Flugzeug aus lässt sich die ungeheure Größe von Mexiko-Stadt (Ciudad de México) erahnen: Ein Gewirr von Straßen und Flachdächern, Wolkenkratzern und Grünanlagen tut sich auf. Beim Landeanflug hat man oft einen tollen Blick über die selbst im Sommer schneebedeckten Vulkane Popocatépetl und Iztaccíhuatl.**

Der Paseo de la Reforma, ein teils zehnspuriger, von Hochhäusern, Denkmälern und Bäumen gesäumter Prachtboulevard, ist neben der über 50 km langen Avenida Insurgentes die zentrale Achse der 21-Mio.-Ew.-Metropole. Hier quälen sich täglich Zehntausende Autos entlang, stehen gewaltige Glaspaläste und Wolkenkratzer. Die beste Gelegenheit, auf der Reforma mit dem Rad unterwegs zu sein, ist sonntagvormittags *(bis 14 Uhr),* wenn die Straße für Autos weitgehend gesperrt ist. Grüne Oasen sind der Chapultepec- und der Alamedapark, besonders an Wochenenden Anlaufstellen für Großfamilien.

In der Zona Rosa gleich westlich des Zentrums herrscht rund um die Uhr Partystimmung. Und in hippen Vierteln wie Condesa, Roma Norte und Colonia Juárez bewegst du dich zwischen Galerien, trendigen Bars, Cafés und Buchhandlungen. Außerhalb dieser Komfortzonen sind Armut und Gewalt mitunter recht krass zu spüren.

Mexiko-Stadt ruht auf historischem Boden: Wo heute die Kolonialbauten der

WOHIN ZUERST?

Zócalo *(□ f3)*: Von den vier großen Busbahnhöfen und vom Flughafen gelangst du mit der Metro ins Stadtzentrum, das *Centro Histórico (Station Zócalo).* An einem der dortigen Informationskioske bekommst du einen Stadtplan. Am Zócalo liegen der Nationalpalast, die Kathedrale sowie die archäologische Stätte Templo Mayor. Über die Avenida Madero oder die 5 de Mayo spazierst du vorbei an spanischen Stadtpalästen und Kirchen zum Parque Alameda Central und dem Palacio de Bellas Artes.

Spanier stehen, gab es bis 1521 Pyramiden, Tempel und indianische Paläste: Im 14. Jh. hatten die Azteken auf einer Insel des Texcocosees Tenochtitlán gegründet; die Siedlung wuchs zum Zentrum ihres Reichs. Cortés und seine Männer machten 1521 alles dem Erdboden gleich. An die legendären schwimmenden Gärten der Azteken erinnert heute nur noch das südlich der Stadt gelegene Xochimilco, ein Komplex labyrinthartig angelegter Seen und Kanäle.

SIGHTSEEING

Der knallrote Doppeldecker-*Turibus (turibus.com.mx)* fährt täglich von 9 bis 21 Uhr im 35-Minuten-Takt zwischen Zócalo und Chapultepec *(Centro Histórico)* viele Sehenswürdigkeiten an (19 Stopps). Weitere Routen führen nach Polanco und Chapultepec (sieben Stationen), über Coyoacán und die Universität in den Süden der Stadt bis Tlalpan (18 Stationen) und zur Plaza Garibaldi und Basilika (fünf Stationen). *Tageskarte 160, Sa/So 180 Pesos*

ZÓCALO ⭐

Jedes Jahr am Vorabend des Unabhängigkeitstags, am 15. September, füllt sich der riesige, unbebaute Platz mitten im Stadtzentrum mit bis zu 1 Mio. Menschen. Mit 240 m Seitenlänge ist er einer der größten Plätze der Erde. Einst schlug hier das Herz von Moctezumas Reich: Hier stand der Haupttempel des alten Tenochtitlán. Auf dessen Trümmern ließ Hernán Cortés den Platz und die ersten umliegenden Gebäude erbauen, heute Plaza de la Constitución genannt.

Um den Zócalo gruppieren sich die bedeutendsten kolonialen Gebäude. Besonders die Kathedrale, die größte des amerikanischen Kontinents, ist ein Musterbeispiel kolonialer Pracht. Und im *Nationalpalast (Palacio Nacional | tgl. 9–17 Uhr)*, Regierungssitz des mexikanischen Präsidenten, prangt eines der berührendsten 👁 Wandgemälde *(murales)* des Landes: die von Diego Rivera gestaltete Geschichte des „Mexiko über die Jahrhunderte".

Gegen ein Trinkgeld kannst du abends die aztekischen Tänzer mit Lendenschurz und Kopfschmuck fotografieren, die die alten Zeremonien zum Leben erwecken. Hungrig geworden? Der Platz ist umgeben von Cafés und Imbissständen. Probier unbedingt die leckeren Sandwiches mit Fleisch, Bohnen und Salsa! *Metro: Zócalo |* 📖 *f3*

INSIDER-TIPP
Die besten Pelonas der Stadt

Im Palacio Nacional: Riveras berühmtes Wandgemälde „Mexiko über die Jahrhunderte"

CATEDRAL METROPOLITANA ☂

Die Ausmaße dieser Kathedrale sind gewaltig. Es warten kunstvolle Steinmetzarbeiten um die Portale, der von Jerónimo de Balbás geschaffene, überreich verzierte Altar der Könige *(Altar de los Reyes)* und von Juan de Rojas geschnitztes Chorgestühl aus Zedernholz. Das schwere Bauwerk sinkt inzwischen schief in den Untergrund und muss aufwendig abgestützt werden. Beschränk dich auf keinen Fall nur aufs Äußere. Drinnen wird gebetet, man bringt Kerzen dar, die stille Atmosphäre ist berührend. *Tgl. 7–20 Uhr | Zócalo | Metro: Zócalo | ▯ f3*

TEMPLO MAYOR

Das Zentrum der alten Aztekenmetropole Tenochtitlán: Bereits Cortés wusste über deren wichtigste Kultstätte, den Templo Mayor, zu berichten, dass dieser „höher ist als die Kathedrale von Sevilla". Heute sind die Grundmauern der Pyramide weitgehend freigelegt. Daneben erläutern Ausgrabungsfunde die Geschichte der Azteken. *Di–So 9–17 Uhr | Seminario 8 (nordöstl. des Zócalo) | Metro: Zócalo | templomayor.inah.gob.mx | ⏱ 45 Min. | ▯ f3*

TORRE LATINOAMERICANA

Wow, die Aussichtsplattform im 44. Stock bietet dir einen Rundblick auf die Stadt und auf die Vulkane. Noch heute toll: Der Architekt des 1958 errichteten, 177 m hohen Turms sorgte für erdbebensichere Fundamente. *Tgl. 9–22 Uhr | Madero/Lázaro Cárdenas | Metro: Bellas Artes | torrelatino.com | ⏱ 30 Min. | ▯ e3*

ALAMEDA CENTRAL

Mexiko-Stadt hat viele grüne Oasen, eine der nettesten ist dieser Park. Sonntags pilgern die Leute mit Kind und Kegel und einem Picknickkorb in die Großstadtoase, wo Luftballonverkäufer, Artisten und Musiker um die Aufmerksamkeit des Publikums wetteifern. Kids spielen Ball, die Erwachsenen genießen die beschauliche, etwas altmodisch anmutende Atmosphäre. *Centro Histórico | Metro: Bellas Artes | ▯ e3*

MUSEO DE ARTE POPULAR

Großartige Ausstellung mexikanischer Volkskunst auf drei Etagen in einem großartigen Art-déco-Gebäude. Zu sehen gibt es farbenfrohe Tierkeramiken aus Oaxaca, bizarre Holzmasken, Silberschmuck, gewaltige Figuren aus Pappmaché und vieles mehr. Am bes-

MEXIKO-STADT

Tianguis Cultural del Chopo (El Chopo)
Plaza de las Tres Culturas
Basílica de Guadalupe
Tepito
Alameda Central
Palacio de Bellas Artes
Café de Tacuba
Templo Mayor
Museo de Arte Popular
Ave. Juárez
La Ópera
Fonart
Moya
Torre Latinoamericana
Sanborns
16 de Septiembre
Catedral Metropolitana
Amaya
La Ciudadela
Zócalo ★
Hanky Panky Cocktail Bar
Avenida Chapultepec
Maison Artemisia
Avenida Alvaro Obregón
Museo a Kahlo
El Morral
Museo Casa León Trotsky
Doctor Olvera
Doctor Balmis
Manuel José Othón

500 m
547 yd

ten gleich mit dem Aufzug in den 3. Stock fahren. So macht der Besuch am meisten Spaß und ist auch stimmig! Der Shop im Erdgeschoss ist übrigens eine Fundgrube für schöne und ausgefallene Mitbringsel. *Di und Do–So 10–18, Mi 10–21 Uhr | Revillagigedo 11/Independencia | Metro: Juárez | map.df.gob.mx* | ⏱ 45 Min. | ▭ d3

PLAZA DE LAS TRES CULTURAS

Die an den Ruinen einer präkolumbischen Tempelanlage angebrachte Gedenktafel erinnert an den 13. August 1521, als Hernán Cortés Tenochtitlán eroberte. Auf die Kolonialzeit verweist die 1609 erbaute Kirche Santiago Tlatelolco, und das heutige Mexiko verkörpern Hochhäuser. *Metro: Tlatelolco* | ▭ f1

BASÍLICA DE GUADALUPE 🏴

Am 9. Dezember 1531 soll dem Indio Juan Diego auf dem Hügel Tepeyac, den schon die Azteken als heiligen Ort verehrten, die Jungfrau Maria mit indigenem Aussehen erschienen sein. Sie trug Diego auf, beim Bischof um die Errichtung einer Kirche zu ersuchen. Nach weiteren Erscheinungen und Wundern gab die Kirche nach. „La Morena", die Dunkelhäutige, trug erheblich zur Missionierung der indianischen Bevölkerung bei und gilt heute als Schutzheilige Mexikos. Jeweils am 12. Dezember strömen Gläubige aus dem ganzen Land zur Wallfahrtskirche und täglich besuchen Hunderte von Pilgern den Ort. In der Basilika, die in den 1970er-Jahren neu errichtet wurde, befindet sich in einem Glasschrein der Umhang des Juan Diego. Diego selbst wurde von Papst Jo-

Ein Schmuckstück der Belle Époque: Kein Wunder, dass das Café de Tacuba so beliebt ist

hannes Paul II. heiliggesprochen. *Calzada Guadalupe | Metro: Basílica | ☐ 0*

MUSEO RUFINO TAMAYO

Am östlichen Ende des Chapultepecparks findest du die Privatsammlung des berühmten Malers mit eigenen Werken und solchen von Pablo Picasso, Joan Miró, Francisco Toledo und anderen. *Di–So 10–18 Uhr | Reforma/Gandhi | Metro: Chapultepec | museo tamayo.org | ⏱ 1 Std. | ☐ a4*

MUSEO NACIONAL DE ANTROPOLOGÍA ★ ☂

Die Einstimmung auf das, was kommt, gibts vor dem Eingang: einen 8 m hohen Monolithen des aztekischen Regengotts Tláloc. *Bienvenido* in einem der besten Museen der Welt! Während du in den ersten Sälen eine Einführung in die mittelamerikanischen Kulturen erhältst, sind die übrigen Räume jeweils einer präkolumbischen Kultur gewidmet. Besuchermagnet ist der Sonnenstein der Azteken in Saal 7. *Di–So 9–19 Uhr | Paseo de la Reforma/Calzada Gandhi | Metro: Chapultepec | mna.inah.gob.mx | ⏱ 2 Std. | ☐ a4*

BOSQUE DE CHAPULTEPEC

Der riesige Park hat viel zu bieten: kleine Wälder, mit Booten bestückte Seen, einen botanischen Garten, Picknickwiesen und den tollen, kostenlos zugänglichen ☛ *Chapultepec-Zoo,* in dem sogar einige der seltenen Riesenpandas leben. Auf einem Hügel liegt das *Schloss Chapultepec,* heute ein historisches Museum. Das *Monumento a los Niños Héroes* am Eingang erinnert an sechs junge Kadetten, die 1847 ihren Widerstand gegen die bis nach Mexiko-Stadt vorgedrungenen US-Truppen mit dem

Tod bezahlten. *Reforma/Melchor Ocampo | Metro: Chapultepec | ▢ a4–5*

PAPALOTE – MUSEO DEL NIÑO 👓

Macht Spaß und ist doch lehrreich: Das Kindermuseum richtet sich an junge Besucher, denen es eine einzigartige Einführung in die Naturwissenschaften bietet. Kleine Forscher dürfen nach Herzenslust technische Experimente durchführen, Fragen stellen und alles anfassen – und auch Erwachsene haben ihren Spaß. *Tagesaktuelle Öffnungszeiten s. Website | Avenida Constituyentes 268 (am Chapultepecpark) | papalote.org.mx | ⏱ 2 Std. | ▢ L9–10*

MUSEO FRIDA KAHLO

Die Casa Azul, das niedrige, blau getünchte Haus, in dem die legendäre Malerin von 1929 bis 1954 mit Ehemann Diego Rivera lebte und arbeitete, ist heute ein liebevoll gepflegtes Museum. ==Die koloniale Atmosphäre von Coyoacán lässt sich in den umliegenden süßen Cafés und Patio-Restaurants so richtig genießen.==

DER-TIPP
Dorf in der City

Di und Do–So 10–17.45, Mi 11–17.45 Uhr | Londres 247/ Allende | Metro: Coyoacán | museofridakahlo.org.mx | ⏱ 1½ Std. | ▢ 0

MUSEO CASA LEÓN TROTSKY

Nachdem Leo Trotzki, Organisator der Oktoberrevolution und Gründer der Roten Armee, bei Josef Stalin in Ungnade gefallen war, gewährte ihm der Präsident Lázaro Cárdenas 1937 auf Bitten von Diego Rivera Asyl. Trotzki wohnte zunächst bei dem Künstlerpaar Rivera/Kahlo, baute dann ein Wohnhaus zu einer Festung um. Vergeblich: Trotzki wurde 1940 von einem Agenten Stalins getötet. Sein Haus, in dessen Patio er bestattet liegt, ist nicht nur Museum, sondern auch ein Treffpunkt und Veranstaltungsort der alternativ-sozialistischen Szene. *Di–So 10–17 Uhr | Viena 45, Eingang Río Churubusco 410 | Metro: Coyoacán | museocasadeleontrotsky.blogspot.com | ⏱ 45 Min. | ▢ 0*

ESSEN & TRINKEN

CAFÉ DE TACUBA

Spezialität des typisch mexikanischen Restaurants von 1912 mit bemalten Kachelwänden und Belle-Époque-Einrichtung sind *enchiladas, carne asado* und *chiles rellenos.* Ein bei Einheimischen beliebter Treffpunkt. *Tacuba 28 | Metro: Allende | Tel. 0155 55 21 20 48 | cafedetacuba.com.mx | €€ | ▢ e3*

LA ÓPERA

Eine Legende: Hier hat schon Pancho Villa gespeist und einen Revolverschuss in der Decke hinterlassen. Gute mexikanische Küche in holzgetäfeltem Raum. *5 de Mayo 10 | Metro: Bellas Artes | Tel. 0155 55 12 89 59 | bar laopera.com | €€€ | ▢ e3*

SANBORNS

Das Lokal liegt im großen, verglasten Patio des historischen Stadtpalasts Casa de los Azulejos. Die Ausstattung ist stuck- und goldüberladen, der Service spitze. ==Frag nach der Frühstückskarte und bestell eines der Menüs mit Saft, *pan dulce* und mexikanischen Eiern.== *Ma-*

INSIDER-TIPP
Desayunos mexicanos

dero 4 | *Metro: Bellas Artes* | *Tel. 0155 55 10 96 13* | *€€* | 🛍 *e3*

AMAYA
Ceviche, Pasta oder Strudel? Im (dritten!) Restaurant des genialen Küchenchefs Jair Téllez gibts mexikanisches Fusion-Food vom Feinsten. Und das auch noch im trendigen Colonia-Juárez-Viertel. *General Prim 95* | *Metro: Cuauhtémoc* | *Tel. 0155 55 92 55 71* | *amayamexico.com* | *€€* | 🛍 *d4*

EL MORRAL
Reich verziertes Kolonialhaus, innen sind alte, handgeformte Talaverakacheln zu sehen. Mexikanische Küche und eine Tortillabäckerei. *Allende 2/Plaza Hidalgo* | *Metro: Coyoacán* | *Tel. 0155 55 54 02 98* | *€€* | 🛍 *0*

Marken-Fakes von Gucki bis Pucki werden auf dem Tepito-Markt verhökert

SHOPPEN

LA CIUDADELA
Gewaltiges Kunsthandwerkszentrum mit Dutzenden Shops und Cafés. *Plaza de la Ciudadela, Balderas/Ayuntamiento* | *Metro: Balderas* | *laciudadela. com.mx* | 🛍 *d4*

FONART
Am Alamedapark liegt eines der regierungseigenen Fonart-Geschäfte mit festen Preisen und exporterfahrenen Verkäufern. Fonart unterstützt das *Indígena*-Kunsthandwerk, bezieht die Produkte ohne Vermittler direkt von den Herstellern und verkauft zu angemessenen, fairen Preisen. Eine weitere Filiale befindet sich am *Paseo de la Reforma 116 (Ecke Milan* | *Metro: Insurgentes* | 🛍 *c4). Avenida Juárez 89* | *Metro: Bellas Artes* | 🛍 *e3*

TIANGUIS CULTURAL DEL CHOPO (EL CHOPO)
Hunderte Geschäfte und Stände des Flohmarkts der Sub- und Gegenkulturen ziehen Woche für Woche Tausende von Besuchern an; im Angebot sind u. a. Musik, Kleidung, Schmuck. *Sa 11–17 Uhr* | *Colonia Guerrero* | *Aldama* | *Metro: Buenavista* | 🛍 *d2*

TEPITO
In dem rund ein Dutzend Straßen umfassenden Viertel außerhalb des Centro Storicó, einer lauten, vollen, ziemlich heruntergekommenen Zeltstadt, hauen die Mexikaner leidenschaftlich gern ihre Pesos auf den Kopf. So ist „hergestellt in Tepito" *(hecho en tepito),* dem anarchischen Schwarzmarkt

für Fälschungen und Imitate, für Mexikaner zum Synonym für alles Billige und Getürkte geworden. Kaufen wirst du hier eher nichts, aber ein Besuch ist ein Erlebnis. Am besten bist du dabei in Begleitung Einheimischer unterwegs und beschränkst dich zunächst auf die Matamoros-Straße mit viel Betrieb. *Mi–Mo 8–19 Uhr | Matamoros y Toltecas | Metro: Tepito | 🚇 f2*

BAZAAR SÁBADO

Der Markt findet jeden Samstag im angesagten Stadtteil San Ángel südwestlich der Innenstadt statt. Kreativ und reichhaltig ist das Angebot an Malereien und Handarbeiten an der *Plaza El Carmen* und *Plaza San Jacinto*. Nutz die Gelegenheit: Hier findest du die besten Hängematten außerhalb von Yucatán! Vergiss allerdings nicht, zu handeln, da die erstgenannten Preise in der Regel um ein Drittel zu hoch angesetzt sind. *Plaza El Carmen und Plaza San Jacinto | kein Metroanschluss, Microbus („Sábado") auf der Avenida Insurgentes Sur | elbazaarsabado.com | 🚇 0*

IDER-TIPP
ber Hamacas feilschen

AUSGEHEN & FEIERN

Im wöchentlichen Magazin *Tiempo Libre (tiempolibre.com.mx)* findest du das gesamte Veranstaltungsprogramm.

PALACIO DE BELLAS ARTES

In dem prächtigen Jugendstilgebäude tanzt das Ballet Folklórico, ein farbenprächtiges, zweistündiges Spektakel. Kartenvorbestellung ist ratsam.

Vorstellungen meist So und Mi 20.30, So auch 9.30 Uhr | Lázaro Cárdenas/5 de Mayo | Metro: Bellas Artes | Tel. 0155 55 29 93 20 | balletfolklorico demexico.com.mx | 🚇 e3

HANKY PANKY COCKTAIL BAR

Honky Tonk Woman ist hier eine promovierte Philosophin aus Denver, die Wahnsinnscocktails kreiert. Bestell einen „Morning Glory Fizz" mit Absinth, schottischem Whisky mit Hibiskusaroma und Grapefruit. Der beflügelt jedes Gespräch! *Londres/Génova | Metro: Insurgente | 🚇 c4*

INSIDER-TIPP
Absacker mit Anspruch

MAISON ARTEMISIA

Zum Intreff hat sich diese Bar auf zwei Etagen mit Livemusik in einem historischen Gebäude mit Dekor im Stil der 1930er-Jahre entwickelt. Anklopfen reicht und ihr werdet eingelassen. Insider bestellen einen Absinth. *Colonia Roma Norte | Tonalá 23/Durango | Metro: Insurgentes | maisonartemisia. com | 🚇 c5*

RUND UM MEXIKO-STADT

🔲 XOCHIMILCO ⚐

20 km von Mexiko-Stadt entfernt, Metro 2 bis Tasqueña, dann tren ligero (Straßenbahn) bis Xochimilco Embarcadero, Fahrtdauer 45 Min.

Klassischer Wochenendausflug der Hauptstädter: die „schwimmenden Gärten" *(chinampas)*. Wo die Azteken auf schwimmenden, mit Fluss-schlamm gefüllten Anbauflächen einst Gemüse zogen, schipperst du heute durch ein verschlungenes System von Wasserwegen. Es ist eine Mischung aus venezianischen Kanälen und den Khlongfahrten in Bangkok mit einer großen Prise Mexiko: Sichere dir einen Sitzplatz in einer der vielen bunten Gondeln *(trajinera)* und genieß die Partystimmung auf dem Wasser. Auf den üppig bemalten und mit Blumen geschmückten, überdachten Booten wird zu den Klängen von *Mariachi*-Bands, die ebenfalls auf den Kanälen kreuzen, gegessen und getrunken. Um Geld zu sparen, 🐖 packen viele Mexikaner vorher den eigenen Picknickkorb. *1 Std. 350 Pesos/ Boot für bis zu 20 Personen, einzelne Sitzplätze aushandelbar |* 💷 *L10*

2 POPOCATÉPETL

90 km von Mexiko-Stadt entfernt, knapp 2 Std. Autofahrt

An klaren Tagen ist er noch in Mexiko-Stadt zu sehen. In Nahuatl, der Sprache der Azteken, bedeutet der Name „rauchender Berg", eine treffende Bezeichnung für den aktiven, knapp 5500 m hohen Vulkan, der 2019 wiederholt Asche und glühende Gesteinsbrocken spuckte. Auch Anfang 2020 rauchte der Berg. Zusammen mit dem rund 20 km entfernten, inaktiven *Iztaccíhuatl* bildet er den Parque Nacional Izta-Popo *(iztapopo.conanp.gob.mx).* Wenn der Vulkan ruhig ist, kann man von Amecameca (dort lässt man sich

auch im Nationalparkbüro an der Plaza de la Constitución registrieren) auf einer asphaltierten Straße bis auf 3700 m Höhe und zum Cortés-Pass fahren – eine fantastische Erfahrung! 💷 *L10*

3 TEOTIHUACÁN ⭐

50 km von Mexiko-Stadt entfernt, 1 Std. Busfahrt

Die Azteken nannten sie „Platz der Götter", Teotihuacán, als sie die verlassene Pyramidenstadt mit ihren gewaltigen Bauwerken entdeckten. Wer sonst als die Götter, überlegten sie, sollte in der Lage gewesen sein, eine so gigantische Stadt zu erschaffen? Vom 4. Jh. v. Chr. bis 650 n. Chr. lebten damals in einer der größten Metropolen der Welt bis zu 200 000 Menschen. Und niemand weiß bis heute, wer dieses Volk war.

Fest steht: Architektonischer Höhepunkt der Stätte ist die Sonnenpyramide *(Pirámide del Sol)* an der über 40 m breiten Straße der Toten *(Camino de los Muertos),* ein gewaltiges, 63 m hohes Bauwerk, auf das breite Treppen führen. Da zur Entstehungszeit weder Zugtiere noch das Rad bekannt waren, mussten die für den Bau erforderlichen 2,5 Mio. t Erde und Stein von Lastenträgern herbeigeschafft werden. Mindestens zwei Jahrzehnte müssen die Arbeiten an dem Bauwerk gedauert haben, errechneten Archäologen – und dies auch nur, wenn mindestens 2000 Arbeiter rund um die Uhr am Werk waren.

Ganz im Norden erhebt sich der prächtige Palast der Quetzal-Schmetterlinge *(Palacio del Quetzalpapálotl),* so benannt nach den dortigen Malereien.

Er liegt am Platz der Mondpyramide *(Pirámide de la Luna)* mit vier weiteren pyramidenförmigen Bauwerken.

Du erreichst Teotihuacán über die U-Bahn-Station Central del Norte. Von dort verkehren Busse verschiedener heute auf der Plattform der Pyramide befinden. Die Statuen, jeweils aus vier Teilen bestehend, stellen bewaffnete Krieger dar. Die 1938 entdeckte Stätte war einst für fast drei Jahrhunderte das religiöse Zentrum der Tolteken.

Standhafte Riesen: Die Steinfiguren von Tula wurden erst im 20. Jh. entdeckt

Gesellschaften halbstündlich *(Fahrzeit etwa 1–1½ Std.)* mit mehreren Stopps entlang der archäologischen Stätte. *Tgl. 9–17 Uhr | teotihuacan.inah.gob. mx | ⏱ ½ Tag | 🚇 L9*

4 TULA

90 km von Mexiko-Stadt entfernt, 1½ Std. Busfahrt

Die archäologische Stätte ist berühmt wegen vier 4,60 m hoher Steinatlanten, die ursprünglich das Dach des Morgensterntempels trugen und sich

Zunächst passiert man einen ungewöhnlich großen, 67 × 12,5 m messenden Ballspielplatz *(Juego de Pelota)* und sieht von dort schon die Hauptattraktion, die 10 m hohe *Stufenpyramide des Quetzalcóatl* mit den Atlanten. Wirf auch einen Blick in den sich anschließenden „Verbrannten Palast" *(Palacio Quemado),* in dessen mittlerem Hof zwei Chac-Mool-Statuen sowie Reste der ursprünglichen Bemalung zu bewundern sind. *Tgl. 9–17 Uhr | ⏱ 1½ Std. | 🚇 L9*

PUEBLA

(⬚ L10) **Die 2,5-Mio.-Metropole begeistert im Zentrum als koloniales Schatzkästchen mit prächtigen alten Kirchen, Palästen und Klöstern.** In 2162 m Höhe gelegen, wird Puebla von vier meist schneebedeckten Vulkanen flankiert: Popocatépetl und Iztaccíhuatl an der Westseite, La Malinche im Norden und Pico de Orizaba im Osten. Das weitläufige, in spanischem Schachbrettstil angelegte Stadtzentrum steht unter Denkmalschutz. Zahlreiche Häuser sind mit handbemalten Talaverakacheln geschmückt. Die farbenfrohen Fliesen bescherten der 1531 gegründeten Kolonialstadt ihren frühen Reichtum und prägen noch heute den Charakter Pueblas.

SIGHTSEEING

CATEDRAL

Der Stolz der Stadt, Teil des Unesco-Weltkulturerbes, das die gesamte Altstadt umfasst, ist eine der berühmtesten und schönsten Kirchen des Landes. Sie wurde ab 1550 im barocken Stil errichtet. Im Inneren beeindrucken Marmor und Onyx sowie mit Blattgold verzierte Altäre. Nach Sonnenuntergang wird die Kathedrale prächtig beleuchtet. *Tgl. 7–13 und 16–19.30 Uhr | Avenida 16 de Septiembre (Südseite des Zócalo)*

CASA DE LA CULTURA

Das ehemals bischöfliche Palais beherbergt heute ein Kulturzentrum und die *Biblioteca Palafoxiana,* die älteste Bibliothek Lateinamerikas. Sie besitzt mehr als 50 000 Bände, alte Globen und Landkarten und ist mit antiken Marmorfußböden und geschnitzten Edelholzregalen eingerichtet. *Mo–Fr 8–20, Sa 9–13, So 10–18 Uhr | Calle 5 Oriente 5 (hinter der Kathedrale) | ⏱ 45 Min.*

MUSEO BELLO 🐖

Der aus einer reichen Industriellenfamilie stammende José Luis Bello y Gonzáles war einst der Herr dieses üppig im mexikanischen Barock erbauten Eckhauses. Was jahrzehntelang gesammelt wurde, kann sich heute jeder anschauen: Porzellan aus China und Meißen, dazu antike Talaverakacheln aus vier Jahrhunderten, Ölbilder und jede Menge fein gearbeiteter Möbelstücke. *Eintritt frei | Di–So 10–18 Uhr | Calle 3 Sur/Avenida 3 Poniente 302 | museobello.org | ⏱ 30 Min.*

CASA DE MUÑECOS

Das „Puppenhaus" ist eines der auffälligsten Häuser der Stadt. Der für Puebla typische Zuckerbäckerstil fand hier seine höchste Vollendung. Ein Teil des Hauses wird als Kunstmuseum der Universität genutzt, in dem anderen befindet sich das gleichnamige Gourmetrestaurant. *Calle 2 Norte 2/ Avenida Camacho (Nähe Zócalo)*

CASA DEL ALFEÑIQUE

Bereits das Äußere des Gebäudes ist faszinierend. „Mandelkuchenhaus" nennen es die Einwohner, weil es ganz mit rotbraunen Kacheln verziert ist. Prächtige Stuckornamente umgeben die Fenster und Türen. Das Haus beherbergt das

Köstlichkeiten gibts in stilvoller Atmosphäre im Mesón Sacristía de la Compañía

Museo Regional, u. a. mit regionalen Trachten. *Di–So 10–17 Uhr | Avenida 4 Oriente 416/Calle 6 Norte |* 🕐 *45 Min.*

CONVENTO DE SANTA MÓNICA
Dutzende Ausstellungsräume zeigen das Leben der Augustinerinnen. Trotz Säkularisierung und Verbot im 19. Jh. betrieben die Nonnen die Klosteranlage bis in die Dreißigerjahre des 20. Jhs. *Di–So 10–17 Uhr | Avenida 18 Poniente 103/5 de Mayo |* 🕐 *1½ Std.*

ESSEN & TRINKEN

MESÓN SACRISTÍA DE LA COMPAÑÍA
Das Hotelrestaurant lädt zu mexikanischer Gourmetküche in einen antiken Salon oder in den Patio. Reservieren! *Calle 6 Sur 304/Callejón de los Sapos |* Tel. 01222 2 32 45 13 | mesones-sacristia.com | €€€

EL MURAL DE LOS POBLANOS
Die schöne Altstadtlage und beste mexikanische Küche zeichnen das Kolonialhaus mit diversen Patios aus. Bereits morgens herrscht hier Betrieb, denn es gibt eine Vielzahl an tollen Frühstücksvarianten. Zum Dinner muss es dann die berühmte *mole poblano* sein. *Av. 16 de Septiembre 506 | Tel. 01222 2 42 66 96 | elmuraldelospoblanos.com*

FONDA DE SANTA CLARA
Mexikanische Küche nach alter Tradition. Das Restaurant ist in Puebla gleich fünfmal zu Hause, u. a.: *Avenida 3 Poniente 307 | Tel. 01222 2 32 76 74; Avenida 3 Poniente 920 | Tel. 01222 2 46 19 19 | fondadesantaclara.com | €€*

Im Hintergrund von Cholulas prächtiger Kirche thront majestätisch der Popocatépetl

SHOPPEN

MERCADO PARIÁN
Hier findest du Kunsthandwerk aus der Gegend und außerdem eine große Auswahl an Keramiken und Kachelarbeiten. *Calle 6 Norte/Avenida 2–4 Oriente*

PLAZUELA DE LOS SAPOS
Die kleine Plaza ist ein Zentrum der Antiquitätenläden. Antike Tequilagläser und neue Panamahüte kann man ebenso erstöbern wie einen in die Jahre gekommenen Hausaltar mit aufgesetzten Halbedelsteinen. Hier findet sich alles, was Sammlerherzen höherschlagen lässt, denn sonntags wird ab 10 Uhr ein Flohmarkt veranstaltet. *Calle 5 Oriente/Calle 6 Sur*

RUND UM PUEBLA

5 CHOLULA
8 km von Puebla entfernt, 15 Min. Taxifahrt

Unglaublich und eben typisch Mexiko: Das Wahrzeichen der Stadt (35 000 Ew.) ist ein riesiger grasbewachsener Hügel, auf dessen Spitze eine katholische Kirche steht. 1931 entdeckte man darunter eine der größten *Pyramiden (tgl. 9–18 Uhr)* Amerikas, 65 m hoch! Nur die Westseite wurde ausgegraben und rekonstruiert. Durch einen niedrigen, engen und verwinkelten Gang gelangt man an die zahlreichen Überbauungen.

Nicht nur eingefleischte Kirchenliebhaber begeistert das nahe Cholula gelegene Gotteshaus ⭐ *Santa María Tonantzintla (tgl. 9–18 Uhr | Spende für den Besuch erwünscht)*. Es wurde in der zweiten Hälfte des 18. Jhs. erbaut und befindet sich in der Gemeinde San Andrés Cholula, 13 km südwestlich von Puebla und 4 km südlich von Cholula. Das Äußere der Kirche wirkt recht schlicht, aber die überreiche Gestaltung im Inneren ist überwältigend. Indianische Handwerker und Künstler arbeiteten fünf Jahrzehnte lang an der Gestaltung des Innenraums und verzierten jede noch so kleine Fläche an den Decken und Wänden mit Stuck in Form von Engeln, Figuren, Ranken, Früchten und Maiskolben, verwendeten leuchtende Farben und Blattgold. Diese Arbeiten, so heißt es, geschahen aus Hingabe für die aztekische Göttin Tonantzín. Kunstgeschichtlich betrachtet ging hier der mexikanische Barock in den sogenannten *Indígena*-Barock über. 📖 *L10*

6 CUETZALÁN DEL PROGRESO

180 km von Puebla entfernt, 2¼ Std. Busfahrt

Steile Kopfsteinpflastergassen, flankiert von niedrigen, weiß getünchten Häusern, und eine ungewöhnliche Mischung aus kolonialem Flair und indianischem Brauchtum: Umgeben von Kaffeeplantagen liegt das entspannte Bergdorf Cuetzalán, ein Zentrum der Nahua- und Totonakenindianer. Häufige Regenfälle schufen eine üppig grünende Umgebung, die im Kontrast steht zur gepflegten Atmosphäre der 1547 gegründeten Siedlung. Hier kannst du für ein paar Tage in einer der süßen kleinen Pensionen unterkommen. Und dann: Turnschuhe an und nichts wie los – mit einem einheimischen Führer, der dir erst so richtig die Augen öffnet für die Schönheit dieser Gegend. 📖 *M9*

INSIDER-TIPP
Unterwegs mit einem Kenner

TAXCO

(📖 K10) **Schon Alexander von Humboldt war von ⭐ Taxco begeistert. 1803 bezog der deutsche Gelehrte ein Haus in der Nähe des Zócalo.**
Die unter Denkmalschutz stehende Silberstadt (170 000 Ew.) 170 km südlich von Mexiko-Stadt liegt in 1660 m Höhe zu Füßen der El-Atache-Berge. An die 1000 Silberschmiede sollen in der Stadt registriert sein, dazu gibt es rund 250 Silberläden.
Die Kolonialstadt bietet ein romantisches Bild. Weiße, mit roten Ziegeln gedeckte Häuser, koloniale Paläste, Gassen mit Kopfsteinpflaster und historische Brunnen beschwören das 18. Jh. herauf, die Zeit, als José de la Borda eine reiche Silbermine entdeckte und als Dank die Kirche Santa Prisca erbauen ließ. *Dios da a Borda y Borda da a Dios* – „Gott gibt Borda und Borda gibt Gott" – hieß sein Wahlspruch.

SIGHTSEEING

ZÓCALO
Benannt ist die Plaza Principal von Taxco nach dem reichen Gönner der Stadt

(Plaza Borda). Sie ist umgeben von kolonialen Palästen, darunter der *Palacio Borda,* der 1759 für Don José erbaut wurde und heute ein Kulturinstitut beherbergt.

SANTA-PRISCA-KIRCHE

Die rosafarbene Sandsteinbasilika – weithin sichtbar dank ihrer 48 m hohen Zwillingstürme – zählt zu den schönsten Barockkirchen Mexikos. Das Innere ist reich mit Gold verziert. *Plaza Borda*

MUSEO GUILLERMO SPRATLING

William Spratling, ein US-amerikanischer Professor, half dem Silberhandwerk in Taxco um 1930 wieder auf die Sprünge. Anregung, wenn du später etwas kaufen willst: Ketten und Armbänder nach präkolumbischen Vorbildern und Entwürfen von Spratling sind hier ebenso dekorativ in Szene gesetzt wie Silberschmuck aus den ersten Kollektionen. *Di–So 9–17 Uhr | Porfirio Delgado 1/Plazuela Juan Ruíz de Alarcón hinter der Kathedrale | ⏱ 30 Min.*

ESSEN & TRINKEN

TÍA CALLA

In dieser *pozoleria* genießen viele einheimische Familien ihre *pozole,* das ist ein feurig-scharfer Eintopf.  **INSIDER-TIPP Veganer Feuertopf** ==Einfach lecker: die *pozole rojo vegano,* die mit Pilzen, Mais, Chilis und vielen Kräutern gekocht wird.== *Plaza Borda 1 | Tel. 01762 6 22 56 02 | €*

ACERTO

Die Bar und Lounge besitzt im ersten Stock eine große Restaurantterrasse, von der aus man einen tollen Panoramablick auf die Kathedrale hat. Spezialität sind – neben mexikanischer Regionalküche – die köstlichen Pizzen, die knusprig-dünn aus dem Holzkohlebackofen kommen. *Plaza Borda 12 | Tel. 01762 6 22 00 64 | €*

DEL ANGEL INN

Das koloniale Haus neben der Kathedrale bietet von seiner Terrasse einen Adlerblick auf die hügelige Silhouette der Stadt. Die mexikanischen Gerichte, die man dir hier serviert, sind spitze, die Cocktails auch. *Celso Múñoz 4 | Tel. 01762 6 22 33 18 | del-angel-inn-restaurant-taxco.com.mx | €€€*

SHOPPEN

Zwar sind die Preise für Silberwaren nicht viel niedriger als anderswo, die Auswahl aber ist riesig: Es gibt Ringe, Ohrringe und Ketten, Gürtel und Schnallen, häufig verziert mit Korallen und Türkisen. In der Avenida Plateros findet samstags ein großer Markt für Kunsthandwerk statt mit umfangreichem Angebot an Silberarbeiten.

MORELIA

(🗺 J–K9) **Mexikos „goldenes Dreieck" bilden die Städte Puebla, Querétaro und Morelia.**

Unter Denkmalschutz steht die gesamte Altstadt Morelias (1 Mio. Ew.)

mit ihren sorgfältig restaurierten Herrenhäusern samt arkadenumkränzten Patios, ihren mächtigen Kirchen und blumenbestandenen *plazas*. Typisch für die architektonische Gestaltung war die Verwendung von rötlich schimmerndem Sandstein. Morelia ist die Hauptstadt des gebirgigen Bundesstaats Michoacán, einer an altindianischen Traditionen wie an landschaftlichen Schönheiten (Seen und Wälder) reichen Region.

SIGHTSEEING

PLAZA DE LOS MÁRTIRES

Der Hauptplatz der Stadt, umgeben von kolonialen Palästen, Arkadengängen und Lorbeerbäumen, sprüht vor Leben. Von hier aus erkundest du zu Fuß die Stadt; die Straßen gehen im Schachbrettmuster in alle Richtungen ab. Die in Ost-West-Richtung verlaufende Avenida Madero ist die Lebensader der Altstadt. Nahezu alle Sehenswürdigkeiten liegen in ihrer Nähe.

MUSEO REGIONAL MICHOACANO

In dem reich dekorierten Herrenhaus (18. Jh.) befindet sich ein Museum zur Geschichte des Bundesstaats Michoacán mit präkolumbischen Exponaten sowie eine Kunstgalerie mit Kolonialmöbeln. *Di–So 9–16.30 Uhr | Allende 305/Avenida Abasolo |* ⏱ *30 Min.*

CATEDRAL

Ihre üppige Fassade erhielt die 1640 errichtete Kathedrale erst im 18. Jh., im Inneren gilt sie als ein Musterbeispiel des Churriguerastils, wie die mexikanische Ausprägung des Barock

genannt wird. Besonders prächtig sind die großen Türen. *Zwischen Plaza de los Mártires und Plaza de Armas*

PALACIO DE GOBIERNO

Der 1732 erbaute Palast mit einer auf den ersten Blick verwirrenden Anord-

In der Santa-Prisca-Kirche von Taxco wurde an Gold nicht gespart

nung von Treppenaufgängen, Patios und Arkaden ist geschmückt mit zahlreichen *murales* des mexikanischen Künstlers Alfredo Zalce. *Mo–Sa 8–19 Uhr | Avenida Madero Oriente 63/Juárez | ⏱ 20 Min.*

MUSEO DE ARTE COLONIAL

Kolonialmöbel und mexikanische Kolonialkunst des 16.–18. Jhs. in einem alten Herrenhaus, dazu eine Ausstellung antiker Kreuze und Skulpturen aus dem für Morelia typischen rötlichen Stein. *Di–Fr 9–20, Sa/So 10–19 Uhr | Benito Juárez 240/Tapia | ⏱ 40 Min.*

CASA DE LA CULTURA

Im frühen 17. Jh. als Karmeliterkloster erbaut, gehört das Bauwerk zu den ältesten und beeindruckendsten der Stadt. Heute ist es ein Kulturzentrum mit Gemäldegalerie, Kunst- und Maskenausstellungen sowie 🐦 kostenlosen Veranstaltungen. *Tgl. 10–20 Uhr | Ex-Convento del Carmen | Avenida Morelos Norte 485 | casaculturamorelia.org | ⏱ 2 Std.*

MUSEO DEL ESTADO 🐦

In einem restaurierten Stadtpalast aus dem 18. Jh. sind archäologische Ausstellungen zur Kultur Michoacáns zu sehen. Gezeigt werden Schmuck, Figuren und Keramik, historische Trachten sowie Apothekeninterieur aus dem 19. Jh. *Eintritt frei | Mo–Fr 9–15 und 16–20, Sa/So 10–18 Uhr | Guillermo Prieto 176 | ⏱ 45 Min.*

ACUEDUCTO COLONIAL

Vom Bosque Cuauhtémoc verläuft über 1,5 km der historische Aquädukt (von 1785). Einst lieferte er den Bewohnern das Wasser aus den Bergen. Seine 230 bis zu 9 m hohen Bögen aus rosa schimmerndem Sandstein werden nach Sonnenuntergang angestrahlt.

ESSEN & TRINKEN

Charakteristisch für Morelia sind die vielen Patiorestaurants in ehrwürdigen Gebäuden.

FONDA LAS MERCEDES

Der Künstler und Küchenchef Sergio Álvarez tischt in seinem Domizil leckere mexikanische Gerichte auf – in einem Patio, der mit Masken, Säulen, Gemälden, Palmen und einer Pferdetränke die Fantasie beflügelt. Bestell unbedingt die *antojitos regional,* das sind typische kleine Vorspeisen aus Michoacán. *León Guzmán 47 | Tel. 01443 3 12 61 13 | €€€*

INSIDER-TIPP
Darf es noch ein Häppchen mehr sein?

EL HUERTO DE LOS JESUITAS

In der Innenstadt gelegenes Restaurant im mexikanischen Stil: Es gibt regionale Küche, ein Buffet mit authentischen Michoacán-Spezialitäten. *Valentín Gómez Farias 165 | Tel. 01443 3 13 74 40 | €€*

LA CASONA DE LAS ROSAS

Hier werden beste Mezcal-Cocktails und mexikanische Küche serviert, gibt es Spezialitäten aus Michoacán zu probieren. Ihr speist besonders stilvoll im Freien an einem Platz, auf dem keine Autos fahren dürfen, sondern Künstler ihre Werke anbieten. *Guiller-*

Wandgemälde machen das Treppenhaus im Palacio de Gobierno zur Galerie

mo Prieto 125 | Tel. 01443 3 12 38 67 | casonarosa.com | €€

LAS TROJES
Lebhaftes Familienrestaurant mit guter regionaler Küche und Grillspezialitäten. *La Loma | Juan Sebastián Bach 51 | Tel. 01443 3 14 73 44 | €€*

SHOPPEN
Das Kunsthandwerk Michoacáns ist vielfältig: Von den *indígenas* stammen bunte Web- und Lackarbeiten, Korbflechtereien und Töpferwaren; breit ist auch das Angebot an Kupferwaren und Holzarbeiten.

EL INSTITUTO DEL ARTESANO MICHOACÁN
Das Franziskanerkloster aus dem 16. Jh. ist eine echte Fundgrube: Hier zeigt man eine großartige Verkaufsausstellung mit originellen und krea-

tiven Produkten aus Michoacán. Im ersten Stock gibt es sogar ein kleines, exquisites Museum für Kunsthandwerk aus dem Bundesstaat. *Mo–Fr 8–19.30 Uhr | Plaza de San Francisco/ Avenida Bartolomé de Las Casas | casart.michoacan.gob.mx*

RUND UM MORELIA

7 LAGO DE PÁTZCUARO
60 km von Morelia entfernt, 45 Min. Autofahrt
Westlich von Morelia liegt, eingebettet in eine grüne Hügellandschaft und umgeben von Vulkanen, der Lago de Pátzcuaro, einer der schönsten Seen des Landes. Nur noch für Fotografen posieren die Fischer mit ihren auffällig großen Schmetter-

lingsnetzen, die die 50-Peso-Banknote zieren. Für 50 Pesos bringt dich auch eine *lancha* auf die *Insel Janitzio*. Neben Souvenirshops und einfachen Restaurants erwartet dich dort auf der Spitze des Bergs die *Statue* von José María Morelos. In ihrem Inneren führt eine Treppe bis ganz nach oben und eröffnet einen wunderbaren Blick auf die Berglandschaft.

3 km vom See entfernt liegt die gleichnamige Kolonialstadt mit niedrigen, weiß getünchten Häusern. Viele beherbergen Hotels und Restaurants, Boutiquen und kleine Läden, denn ein Großteil der Bevölkerung (Purépecha, auch Tarasken genannt) lebt recht gut von der Herstellung und dem Verkauf von Kunsthandwerk. Besuch die *Plaza Vasco de Quiroga,* das Herz des Dorfs. Der Platz ist benannt nach einem spanischen Bischof, der sich im 16. Jh. für die Indianer einsetzte. Setz dich auf einen *Equipales*-Sessel in einem der Cafés und ordere einen frischen Granatapfelsaft. In einigen der prächtigen Paläste rundherum sind auch tolle Kunstgewerbeshops untergebracht. ⧉ *J9*

INSIDER-TIPP
Logenplatz mit Getränk

QUERÉTARO

(⧉ *K9*) **Das von der Unesco als Welterbe geschützte koloniale Querétaro ist die Hauptstadt des gleichnamigen Bundesstaats.**

In der 1865 m hoch gelegenen Stadt mit 1,2 Mio. Ew. erwarten dich eine friedliche Atmosphäre und ein andalusisch geprägtes Zentrum. Die Mischung von bunt gekalkten Häusern, blumengeschmückten *plazas,* schattigen Patios und Arkadengängen, kolonialen Palästen und barocken Kirchen macht Querétaro unverwechselbar.

SIGHTSEEING

MUSEO REGIONAL

Stilvoller als in diesem Kloster mit Arkadengängen aus dem 15. Jh. kann man Ausgrabungsfunde, Dokumente und Erinnerungsstücke aus der Zeit der mexikanischen Unabhängigkeitsbewegung kaum in Szene setzen. Besonderer Schatz sind indianische Gebrauchsgegenstände und Bekleidungsstücke, die noch bis Ende des 20. Jhs. von den im Hochland lebenden Völkern selbst hergestellt und benutzt wurden. *Di–So 9–18 Uhr | Corregidora Sur 3/Jardín Zénea |* ⏱ *1½ Std.*

MUCAL

Die Wände des *Museo del Calendario* in einem restaurierten Patiohaus aus dem 17. Jh. schmücken nostalgische Kalenderbilder, die die Inhaberfamilie im Lauf der letzten Jahrzehnte produzierte. Tolle Reproduktionen gibts im kleinen Shop. Gönn dir zum Schluss im Café ein Tässchen und ein Stück vom köstlichen Schoko-Nuss-Kuchen – einen besseren gibt es so schnell nirgends! *Di–So 10–18 Uhr | Madero 91 | mucal.mx |* ⏱ *30 Min.*

INSIDER-TIPP
Schoko-Nuss macht den Kaffeegenuss

TEMPLO Y CONVENTO DE LA SANTA CRUZ

Die Klosteranlage aus dem 16. Jh. mit ihren sieben Innenhöfen gehört zu den ältesten kirchlichen Bauwerken Mexikos. Die Besichtigung erfolgt im Rahmen einer Führung. *Tgl. 9–14 und 16.30–18 Uhr | Avenida Independencia (östl. des Zentrums) |* ⏱ *1½ Std.*

ACUEDUCTO DE QUERÉTARO

Um Wasser von der 2 km entfernten Quelle herbeizuschaffen, mussten 74 gewaltige Rundbögen, teilweise bis zu 30 m hoch, errichtet werden. Das Wahrzeichen der Stadt wird abends prächtig illuminiert. Du kannst es vom Aussichtspunkt in der Calzada de los Arcos östlich des historischen Zentrums in seiner ganzen Länge bestaunen.

ESSEN & TRINKEN

HANK'S NEW ORLEANS CAFÉ & OYSTER BAR

Unter den Arkaden serviert man euch Cajun- und kreolische Gerichte in lässiger, internationaler Atmosphäre und zu gelegentlichen Live-Jazzklängen. Macht Laune: der sonntägliche Brunch mit *Crabmeat*-Omeletts inmitten netter Gäste aus aller Welt. *Juárez Sur 7/Plaza de la Constitución | Tel. 01442 2 14 26 20 | hanksmexico. com | €€*

TIKUA SUR ESTE

Vom Frühstück „im Oaxaca-Stil" über yucatekische Spezialitäten bis zur *enchiladas*-Platte mit köstlicher *mo-*

le-Sauce am Abend: Besser schmeckt es nirgendwo. Und als Digestif gönnt man sich einen Mezcal Crème! *Allende Sur 13 | Tel. 01442 4 55 33 33 | ti kua.mx | €€*

LAS DELICIOSAS GORDITAS DEL PORTAL

Gorditas, quesadillas oder eine *sopa con camarones:* Bestellt wird am Tresen, Bilder helfen bei der Auswahl.

Wer die Statue auf der Insel Janitzio erklimmt, genießt einen tollen Bergblick

Schnell, authentisch und lecker. *Libertad 8 | Tel. 01442 3 12 98 31 | €*

SHOPPEN

Von Donnerstag bis Montag werden in der Fußgängerzone des Zentrums *(Avenida Corregidora/Andador Libertad)* täglich Marktstände aufgebaut, an denen du allerlei Kunstgegenstände und Souvenirs erstehen kannst.

SAN MIGUEL DE ALLENDE

(📖 K9) **Als wäre die Zeit stehen geblieben: Die engen, gepflasterten Gassen in ⭐ San Miguel de Allende werden von altspanischen Häusern im Patiostil gesäumt.**

Über die auf 1900 m an einem Berghang gelegene Stadt (140 000 Ew.) wacht seit 1926 der Denkmalschutz. Bereits seit Jahrzehnten ist sie das lebhaft-stilvolle Ziel von begüterten Nordamerikanern, die die schönsten Häuser und Paläste kauften und aufwendig restaurierten bzw. hier Restaurants, Geschäfte und Hotels eröffneten. Die Entscheidung, in San Miguel zu investieren, wird leichtgemacht: Immobilienmakler, Architekturbüros und Galerien säumen die Stadt.

SIGHTSEEING

PLAZA DE ALLENDE

Akkurat in Form geschnittene Lorbeerbäume prägen diese süße Plaza, die flankiert ist von den schönsten Kolonialgebäuden des 17. Jhs. Luftballonverkäufer flanieren, es werden rosa Zuckerwatte und *churros* (frittiertes, dick mit Zimt und Zucker bestreutes Gebäck) verkauft. Nimm Platz auf einer der Sitzbänke der Plaza und lass dir die Schuhe putzen. Das kostet fast nix und hinterher sehen sie aus wie neu. Die vielen Schuhputzer hier haben gut zu tun.

INSIDER-TIPP
Einmal blank wienern, bitte!

SAN-MIGUEL-KIRCHE (LA PARROQUIA)

Das Wahrzeichen der Stadt. Aus rosafarbenem Stein und mit üppig-skurrilen Formen wurde die Kirche von einem indianischen Baumeister um das Jahr 1890 errichtet. Als Inspiration diente ihm dabei eine Postkarte des Ulmer Münsters. *Plaza de Allende*

LA ESQUINA MUSEO DEL JUGUETE POPULAR MEXICANO 👹

Miniaturriesenräder und ein Zirkus mit Löwen, Tigern, Dompteuren, Seiltänzern und Clowns aus Blech: Selbst Erwachsene haben glänzende Augen, wenn sie diese Spielzeugsammlung gezeigt bekommen. Sicher, einiges davon ist sehr alt, doch der kleine Shop zeigt, dass in Mexikos Provinzen auch heute noch fantasievolles Spielzeug von Hand hergestellt wird. *Di–Sa 10–17.30, So 11–16 Uhr | Núñez 40 | museolaesquina.org.mx | ⏱ 30 Min.*

CONVENTO LA CONCEPCIÓN

Ein toller Ort, um inmitten eines Klosters aus dem 18. Jh. die ausgestellten Bilder und die inspirierende Atmosphäre zu genießen: Das *Centro Cultural Ignacio Ramírez (El Nigromante)* veranstaltet Konzerte, Ausstellungen und manches mehr. *Hernández Macías 75 | elnigromante. bellasartes.gob.mx*

INSTITUTO ALLENDE

In der Casa de Solariega von 1734, einem ehemaligen spanischen Landsitz, ist heute die Kunstakademie zu Hause, die auch Sprach- und Sommerschulkurse anbietet. Schöne Gärten, ein Café und offene Werkstätten lohnen den Besuch. *Ancha de San Antonio 22 | Tel. 01415 1 52 01 90 | instituto-allende.edu.mx*

ESSEN & TRINKEN

LA CAPILLA

Hier stimmt alles: In einem Gebäude aus dem 17. Jh. mit Blick auf Kirche und Berge wird mexikanische und internationale Küche serviert. Es gibt Livemusik, eine Gartenterrasse und eine Kunstgalerie. Unbedingt reservieren! *Cuna de Allende 10 | Tel. 01415 1 52 06 98 | €€€*

LA POSADITA

Bei einer Margarita mit Tamarindengeschmack und Traumblick vom Dachgarten auf die Kirchenspitzen könnt ihr die bereitgestellten Tacos mit Dips kosten und euch auf das Es-

Top in Form, die Buchsbaumkunst auf der Plaza de Allende von San Miguel

Farbenfrohe Häuser und ein Gewirr von Treppen: das charmante Guanajuato

sen freuen. *Cuna de Allende 13 | Tel. 01415 1 54 75 88 | €€*

LAS MUSAS

Nach einem Rundgang im Kloster La Concepción trifft man sich im Hof unter den malerischen Arkaden dieses kleinen Caférestaurants auf einen *café de olla* mit Zimtkuchen. *Hernández Macías 75 | Tel. 01415 1 52 49 46 | €*

GUANAJUATO

(📖 *J9*) **Inmitten eines Tals in über 2000 m Höhe gelegen, ist** ⭐ **Guanajuato eine der schönsten kolonialen Städte des Landes.**

Zur Atmosphäre der Universitätsstadt (160 000 Ew.) tragen kleine *plazas,* ein Gewirr aus engen Gassen und steilen Treppen sowie bunt gekalkte Fassaden bei. Durch ein trockengelegtes Flussbett wie durch ehemalige Minenschächte schlängeln sich unterirdische Straßen – überbaut oder durch die Felsen gesprengt. Musiker spielen am Pavillon des Zentralplatzes, des *Jardín de la Unión.* Drum herum liegen stimmungsvolle Frühstückscafés und Freiluftrestaurants.

Die Stadt ist eine Schatzkammer an Kirchen und Kolonialgebäuden, Überbleibsel des einstigen Reichtums: Die Spanier hatten hier mehrere große Silberminen entdeckt. An die Bergwerkstradition erinnern die auf vielen Plätzen als Pflanztröge aufgestellten Loren.

SIGHTSEEING

JARDÍN DE LA UNIÓN

Unter den Arkaden, Markisen und Lorbeerbäumen des zentralen Platzes spielt sich das öffentliche Leben von Guanajuato ab. Bis tief in die Nacht wird in den umliegenden Restaurants gegessen und gefeiert.

TEATRO BENITO JUÁREZ

Das pompöse, 1903 eröffnete Theater muss man gesehen haben: Dorische Säulen tragen das Dach, von dem die neun Musen blicken. Drinnen herrschen Gold, Stuck und Plüsch. *Di–So 9–13 und 16–18 Uhr | Sopeña (Südseite des Jardín de la Unión) | ◷ 30 Min.*

EL PÍPILA

Einen Panoramablick auf die Stadt hast du von dem gewaltigen, rosafarbenen Denkmal für José Martínez, genannt El Pípila.

INSIDER-TIPP
Nach oben ruckeln

Steig ein in die alte Standseilbahn *(funicular),* die hinter dem Teatro Juárez auf Schienen den steilen Berg erklimmt. Oben angekommen genießt du die Aussicht und läufst anschließend über den Fußweg hinab. *Carretera Panorámica südöstl. der Stadt*

MUSEO ICONOGRÁFICO DE QUIJOTE

In Guanajuato lebt der spanische Dichter Miguel de Cervantes weiter. Die Stadt begeht jedes Jahr im Oktober das Cervantes-Festival mit Theateraufführungen, Jazz und klassischer Musik. Das Museum, ein tipptopp restauriertes Kolonialgebäude, zeigt nicht nur Erstausgaben, Bilder und Grafiken, sondern auch zahlreiche 🐾 Skulpturen von Cervantes' Ritter Don Quijote und seinem treuen Diener Sancho Panza – ideal um die Fantasie auch von Kindern anzuregen. Toll im altmexikanischen Stil gestylt ist die angeschlossene Espressobar. *Di–Sa 9.30–19, So 12–19 Uhr | Manuel Doblado 1 | museoiconografico.guanajuato.gob.mx | ◷ 45 Min.*

UNIVERSIDAD

Über eine lange Treppe erreichst du das auffällige Universitätsgebäude. 1955 wurde es an der Stelle eines Jesuitenkollegs im maurischen Stil erbaut, bis heute bietet es einen tollen Blick über die Altstadt. *Positos*

MUSEO CASA DIEGO RIVERA

Mischung aus historischem Altstadthaus und modernem Museum: Das Geburtshaus des großen Malers, ein Stadthaus im typischen Guanajuatostil, ist im ersten Stock noch so eingerichtet wie zu Zeiten von Rivera. Und obendrein sind knapp 100 seiner Werke ausgestellt. *Di–Sa 10–18.30, So 10–14.30 Uhr | Positos 47 | ◷ 1 Std.*

ALHÓNDIGA DE GRANADITAS

Das Gebäude, ein festungsartiger Getreidespeicher von enormer Größe, um den während des Unabhängigkeitskampfs eine bedeutende Schlacht tobte, wird auch „Mexikos Bastille" genannt. José Martínez, einem jungen indianischen Minenarbeiter, verdanken die Aufständischen ihren Sieg. Er setzte ein Tor der Alhóndiga, in die sich die royalistische Armee zurückgezogen hatte, in Brand und ermöglichte so den Rebellen den Zugang. Es war nur ein vorläufiger Sieg, denn später nahmen die Spanier die Anführer gefangen und exekutierten sie. Ihre Köpfe wurden zehn Jahre lang an der Alhóndiga zur Schau gestellt. Heute dient das Bauwerk als Gedenkstätte und Regionalmuseum mit Dokumenten zum Unabhängigkeitskampf und zur Silbergewinnung. *Di–Sa 10–18, So 10–15 Uhr | 28 de Septiembre/Mendizábal 6 | ⏱ 30 Min.*

MUSEO DE LAS MOMIAS 🏴

Durch Glasscheiben starren dich 119 Mumien an: aufrecht stehend, in Gruppen versammelt oder im Glaskasten liegend und zum Teil noch mit Stofffetzen bekleidet. Die meisten stammen aus der Zeit der Wende zum 20. Jh. Vermutlich sorgten die mineralreiche Erde und die trockene Luft Guanajuatos für eine schnelle Mumifizierung der Leichen. *Mo–Do 9–18, Fr–So 9–18.30 Uhr | Tepetapa (auf einem Hügel nordwestl. des Zentrums) | Cementerio Municipal, Explanada del Panteón | momiasdeguanajuato.gob.mx | ⏱ 30 Min.*

ESSEN & TRINKEN

EL GALLO PITAGÓRICO

Das Restaurant liegt auf einem Hügel hinter dem Teatro Juárez, den ihr über eine lange Treppe erreicht. Vom Dachgarten aus habt ihr einen fantastischen Blick über die Stadt. Serviert werden italienische Klassiker wie Spaghetti alla carbonara, Pizza, Lasagne. *Constancia 10 | Tel. 01473 7 32 94 89 | €€*

EL TRUCO SIETE

Das unkonventionelle Restaurant empfängt dich mit viel Künstlerflair und legerer Atmosphäre. Du sitzt auf groben Holzstühlen und isst *enchiladas* und Thunfisch-*tostadas*. Ein Hingucker ist die Sammlung historischer Transistorradios. *Truco 7 | Tel. 01473 7 32 83 74 | hospederiadeltruco7.com | €*

EL JARDÍN DE LOS MILAGROS

Eine alte Hacienda im noblen Viertel San Javier ist der Hotspot für Genießer: Hier gibt es sterneverdächtige Küche mit viel Gemüse und Obst. Alles, was Bricio Domínguez serviert, schmeckt nicht nur super, sondern ist auch superfrisch. Tipp: ein paar *abrebocas* („Mundöffner") als Vorspeise teilen. *Alhóndiga 80 | Tel. 01473 7 32 93 66 | eljardindelosmilagros.com.mx | €€€*

SHOPPEN

In Guanajuato bekommt man auf den Straßen und Plätzen günstig Aquarelle und Ölbilder. Oder du sprichst einen der vielen Künstler an und lässt dich für ein paar Pesos fantasievoll verfremdet oder in historischer Kleidung zeichnen.

INSIDER-TIPP

Porträt im Mexiko-Outfit

Schön ist auch der *Mercado Hidalgo (Avenida Juárez)* in einem Jugendstilbau, wo man u. a. preiswertes Kunsthandwerk kaufen kann. In einem entzückend hergerichteten Häuschen in der Calle Positos 77 macht schon das Schauen Spaß: Bei *El Pinche Grabador* gibt es witzige und skurrile Drucke und Postkarten der mexikanischen Popkultur.

SAN LUIS POTOSÍ

(🗺 K8) **Koloniale Herrenhäuser, Kopfsteinpflastergassen im Schachbrettmuster, von Lorbeerbäumen beschattete** *plazas:* **Im beschaulichen San Luis Potosí lässt es sich wunderbar leben und genießen.**

Da sich die Besucherströme auf die berühmteren Nachbarstädte konzentrieren, sind die Preise in der aus einer einstigen Huaxteken-Siedlung hervorgegangenen Universitätsstadt (725 000 Ew.) um einiges niedriger, werden Gäste regelrecht hofiert.

Aus einem Reich vor Kolumbus Zeit: Tonfigur im Museo Regional Potosino

SIGHTSEEING

KATHEDRALE

Die östliche Seite der Plaza de Armas, des Hauptplatzes der Stadt, nimmt diese gewaltige barocke Kathedrale ein. Ihr Bau dauerte noch länger als der des Berliner Flughafens: Von 1573 bis 1813 war man am Werk, ergänzte, verwarf wieder, plante und konstruierte neu. Es hat sich gelohnt. Noch heute ist alles in hervorragendem Zustand. Wirf auf jeden Fall einen Blick ins Innere der Kirche und lass dich von der Atmosphäre beeindrucken. Mehrmals täglich finden heilige Messen statt, dann ist alles erfüllt vom Gesang der vielen Gläubigen.

MUSEO NACIONAL DE LA MÁSCARA

Von den knapp 2000 Masken, die du zu sehen bekommst, ist jede einzelne ein Kunstwerk, hat einen besonderen Gesichtsausdruck, spricht einen mehr oder weniger an. Nach dem Besuch weißt du, worauf du in den Läden achten musst, wenn du selbst eine Maske mit nach Hause nehmen möchtest. *Di–Fr 10–18, Sa 10–17, So/Mo 10–15 Uhr | Calle Villerías 2 | museonacionaldelamascara.com |* ⏱ *45 Min.*

MUSEO REGIONAL POTOSINO

Von der Lage in einem alten Franziskanerkloster bis zu den inspirierend gestalteten Ausstellungsräumen stimmt einfach alles. Zu entdecken gibt es viel: neben präkolumbischen Töpferarbeiten der Huaxteken und der kleinen Kapelle im Obergeschoss, in der die Mönchsnovizen einst ihr Gelübde ablegten, auch eine traditionelle bäuerliche Küche mit gewaltigem Holzbackofen. 🐗 Am besten sonntags kommen, dann ist der Eintritt frei. *Di–So 9–18 Uhr | Plaza de Aranzazú |* ⏱ *1 Std.*

ESSEN & TRINKEN

EL ALMACEN DEL BIFE

Hier schmeckt es nach Mexiko: Selbst die Pizza *(al Gaucha)* kommt mit Jalapeños und Chorizo. Richtig gut sind die Rib-Eye-Steaks! Als Dessert muss es dann der Vulkan *(el Volcán)* aus schwarzer und weißer Schokolade sein. *Calle Vista Hermosa 116 | Tel. 01444 15 16 00 09 | €€*

EL MÉXICO DE FRIDA

Willkommen in Fridaland: In diesem Lokal taucht man ein in die farbenfrohe Welt der Kunstikone. Da ist es auch nicht schlimm, wenn man etwas länger auf *chile ventilla* (gefüllte Paprika) oder eins der anderen tollen mexikanischen Gerichte warten muss. *Valentin Gama 646 | Tel. 01444 4 91 84 20 | €€*

SHOPPEN

CHOCOLATES COSTANZO

Seit 1935 stellt Costanzo beste Schokolade her. Von seinen diversen Läden in der Stadt ist dieser der schönste: Mitten im kolonialen Zentrum lässt Inhaber Luis Costanzo im alten Shop mit antiker Theke alle Arten von Süßigkeiten verkaufen. Unwiderstehlich sind die einzeln erhältlichen Pralinen, z. B. in den Sorten *coco y piña* (Kokos und Ana-

INSIDER-TIPP
Die süßeste Versuchung

Im Teleférico in sieben Minuten auf den Gipfel. Und wer hat's gebaut? Schweizer!

nas) und *crema de cajeta* (Sahnekaramell). *Álvaro Obregón 215*

ZACATECAS

(□ J7) **Die legendäre alte Silberstätte Zacatecas in einem engen Talkessel, umgeben von trockener, zerklüfteter Landschaft, zählt zum Unesco-Weltkulturerbe.**

Wenn du im Zentrum der 140 000-Ew.-Stadt unterwegs bist, merkst du sofort, warum: Enge, gewundene Gassen und breite Treppen führen über Hügel, enden vor prächtigen Portalen und Kapellen. Unzählige kleine Kirchen im Barockstil warten an jeder zweiten Ecke der weißen Innenstadt – Opfergaben an den Gott des Silbers: Für jede Mine, die aufgemacht wurde, gab es eine neue Kirche. Reich ist die Stadt noch heute, weshalb die Häuser frisch getüncht, die Natursteinpaläste in makellosem Rosa strahlen. Dazwischen gibt es stylishe Hotels, trendige Cafés und tolle Restaurants zu entdecken.

SIGHTSEEING

MINA EL EDÉN
Diese Mine erzählt nicht nur die Geschichte sagenhaft reicher Silberbarone, berichtet wird auch über die versklavten *indígenas,* die hier schufteten, bis sie starben. Im Inneren des Cerro del Grillo machen Tourguides sowie starke Licht- und Soundeffekte die Gänge und Schächte lebendig. *Tgl. 10–18 Uhr | Antonio Dovali Jaime | mi naeleden.com.mx | ⊙ 2 Std.*

TELEFÉRICO
Ein Muss: in einer der feuerroten Kabinen der von Schweizern gebauten Seilbahn über den Häusern in sieben Minuten zum Gipfel des *Cerro de la Bufa* hoch über der Stadt schweben. Besonders eindrucksvoll ist die hin und wieder angebotene Nachtfahrt. *Tgl. 10–18 Uhr | Estación de Grillo*

ESSEN & TRINKEN

RINCÓN TÍPICO
Wie zu Hause bei der mexikanischen Verwandtschaft isst und fühlt man sich in diesem kleinen, bunt dekorierten Lokal: regionale, stets leckere Küche! *Rayon 320 | Tel. 01492 1 00 47 54 | €*

AUSGEHEN & FEIERN

MINA CLUB
Nichts für Klaustrophobiker: 320 m unter der Erde gibt es Techno und Disco in der historischen Mina El Edén. Der ungewöhnlichste Club der Stadt! *Bar Do/Fr 16–22.30, Club Sa 22–3 Uhr | Antonio Dovali Jaime | minaeleden. com.mx/minaclub*

GUADALA-JARA

(□ H9) **Die geschäftige 5-Mio.-Ew.-Stadt, die zweitgrößte des Landes, vereint die Vor- und Nachteile einer Industriemetropole mit einem reichen kulturellen Erbe.**

Von der zentralen *plaza* aus erreicht man gewaltige Paläste und reich verzierte Kirchen zu Fuß, dazwischen laden nette Cafés zur Pause ein. Große Teile des ★ *Zentrums* sind Fußgängerzone. Eine romantische Atmosphäre hält auf den zahlreichen *plazas* im Frühling Einzug, wenn die Jacarandabäume blühen und die Indischen Lorbeerbäume ihre Kronen über die Parkbänke breiten.

SIGHTSEEING

CATEDRAL
Das Herz der Stadt ist die Kathedrale aus dem 16. Jh. Ein Kuriosum wartet im Inneren: die mumifizierte Santa Inocencia in einem gläsernen Sarg, eine 300 Jahre alte, als heilig verehrte Kinderleiche. Kleine Shops halten ein Sammelsurium von gesegneten, typisch mexikanischen Devotionalien bereit. *Tgl. 8–20 Uhr | Alcalde/Hidalgo*

PLAZAS
Die Kathedrale ist umgeben von vier wunderschönen *plazas.* Auf der Seite des Portals befindet sich die *Plaza de los Laureles,* der Platz der Indischen Lorbeerbäume. Zwischen Kathedrale und Palacio de Gobierno liegt die *Plaza de Armas* mit einer viktorianischen Rundbühne. Auf der anderen Seite der Kirche stößt du auf die *Rotonda de los Hombres Ilustres,* eine gepflegte Grünanlage mit lebensgroßen Bronzestatuen von Männern, die sich um die Stadt verdient gemacht haben. Schließlich liegt hinter der Kathedrale die *Plaza de la Liberación* mit kolonialen Brunnen und einem Standbild

von Hidalgo. Dieser Platz zieht sich in östlicher Richtung als *Plaza Tapatíja* bis zum Hospicio Cabañas und ist flankiert von prächtigen kolonialen Gebäuden – die 500 m lange Strecke ist Fußgängerzone und ideal zum Spazieren.

PALACIO DE GOBIERNO
Mit dem Gebäude, das 1643 errichtet wurde, sind zahlreiche historische Ereignisse verbunden. So gelang es 1858 dem mexikanischen Präsidenten Benito Juárez, sich hierher vor den französischen Truppen zu flüchten. Im Treppenaufgang des barocken Palasts befindet sich ein großformatiges Wandgemälde von José Clemente Orozco, in dem der Maler dem mutigen Kampf des Paters Hidalgo für die mexikanische Revolution ein Denkmal setzte. *Mo–Fr 9–17 Uhr | Avenida Ramón Corona 31 (an der Plaza de Armas)*

TEATRO DEGOLLADO
In dem klassizistischen Gebäude, dessen goldüberladene Säle funkelnde Kristalllüster erhellen, kannst du Konzerte hören sowie sonntagvormittags die Aufführungen des Ballet Folklórico genießen. *Besichtigung Mo–Fr 10–14 Uhr | Belén/Degollado |* ⏱ *30 Min.*

INSTITUTO CULTURAL CABAÑAS ★
Das wohl berühmteste Bauwerk Guadalajaras zählt zum Unesco-Welterbe und ist Museum und architektonisches Meisterwerk in einem. Im wunderschönen Ambiente des ehemaligen Waisenhauses von 1805 mit 23 Innenhöfen sind die Werke des großen mexikanischen Malers und Muralisten José Clemente Orozco ausge-

In die Kuppel des Instituto Cabañas malte Orozco seinen „Mensch in Flammen"

stellt. Höhepunkt ist das weltbekannte Bild „Mensch in Flammen". Betrachte das Werk, das der Künstler in eine Kuppel gemalt hat, am besten liegend von einer der Bänke aus. *Di–So 10–18 Uhr | Hospicio Cabañas 8 (am Ende der Plaza Tapatía, zwischen República und Allende) | ⏱ 1½ Std.*

DER-TIPP
In die Horizontale gehen

ESSEN & TRINKEN

SANTO COYOTE

Bunt, laut, mexikanisch: Auf der Karte stehen traditionsreiche Gerichte und Highlights der Region wie *birría*, ein feuriger Eintopf aus Lamm- oder Ziegenfleisch. Das Dekor, überwältigend kitschig-künstlich, ist einem Mayatempel nachempfunden. Es wird getanzt und inbrünstig gesungen, Folk-loregruppen treten auf – die Einheimischen lieben es! *Lerdo de Tejarda 2379 | Tel. 0133 36 16 84 72 | santocoyote.com.mx | €€*

LA TEQUILA

Seit mehr als 20 Jahren beste mexikanische Küche. Aber Vorsicht: Zu jeder Bestellung (Vorspeise, Hauptgericht, Dessert) gibt es einen Tequila. Stimmung macht auch das Tequila Tasting mit einer Auswahl von über 200 (!) Sorten. *Avenida México 2830 | Tel. 0133 36 40 34 40 | latequila.com | €€–€€€*

CASA FUERTE

Das prächtige Stadtpalais im Vorort Tlaquepaque offeriert Spezialitäten der Region und ausgefallene Fischgerichte. *Tlaquepaque | Calle Independencia 224 | Tel. 0133 36 39 64 81 | casafuerte.com | €€€*

RUND UM GUADALA-JARA

SHOPPEN

MERCADO LIBERTAD ☂

Der Besuch dieses in einem modernen Gebäude untergebrachten Markts lohnt sich schon wegen der lebhaften Atmosphäre und der Vielfalt der Stände. Vor allem aber servieren im ersten Stock zahlreiche kleine Restaurants die gesamte Palette der mexikanischen Volksküche. *Javier Mina/Cabañas*

SPORT & SPASS

An über 100 Stationen überall in der Stadt bekommt ihr die Leihräder von *Mibici (mibici.net),* wenn ihr einen Kurzzeitpass für 80 Pesos kauft. Ein Fahrrad bei dem Verkehr? Ja, denn jeden Sonntag zwischen 8 und 14 Uhr sperrt Guadalajara seine Hauptverkehrsstraßen *(viarecreactiva.org)*!

🟦 TEQUILA

65 km von Guadalajara entfernt, 1½ Std. Autofahrt

Schnurgerade Reihen von blau schimmernden Agaven ziehen sich über die Hochebene von Jalisco bis zum Horizont, dazwischen liegen Haciendas und Destillerien. Zentrum des Gebiets ist Tequila, eine nette Kleinstadt, in der Brennereien wie José Cuervo, Herradura und Sauza produzieren und in alle Welt exportieren.

Steuere am beste die *Quinta Sauza (Mo–Fr 9–18.30, Sa 9–14 Uhr | Tour ab 170 Pesos | Navarro 70 | casasauza.*

„Nimm das, Agave!" Am Anfang der Tequilaproduktion steht knochenharte Feldarbeit

com) an: wegen des tolle kolonialen Ambiente und wegen der Palette an Touren, unter denen du ganz nach Geschmack wählen kannst – ob Tequila Tasting, ein Besuch der Unescogeschützten Agavenplantagen bzw. der Keller oder eine Führung durch die Destillerie. Vorsicht, ein Tequila Tasting ist nicht ohne: Davor empfiehlt sich das fantastische Lunchbuffet auf der Hacienda mit einem gewaltigen Angebot an mexikanischen Spezialitäten. Als Aperitif gibt es natürlich Hochprozentiges!

INSIDER-TIPP Solide Grundlage

Oder du besteigst gleich in Guadalajara den *Tequila-Express (Sa/So | 1300 Pesos | tequilaexpress.mx)* für eine tequilagetränkte Tagestour mit Besichtigung der Herradura-Destillerie, Lunch und Bar im Bus (der Zug wird derzeit generalüberholt) 🛏 *H9*

9 TROMPO MÁGICO – MUSEO INTERACTIVO 👓

20 km von Guadalajara entfernt, 30 Min. Autofahrt

In dem großen Gebäude in Zapopan befinden sich diverse interaktive Bereiche für Kinder und Jugendliche. Die Kleineren schlüpfen in die Rollen verschiedener Berufe (in Postamt, Supermarkt und Restaurant oder auf einer Baustelle). Die Größeren belegen z. B. einen Trommelkurs. Oder sie lernen, wie man einen Film produziert – dazu gehört etwa der Umgang mit der Kamera oder das Übertragen des Films auf den Computer. Zu den regelmäßigen Angeboten kommen weitere Aktivitäten und Programme, die auf der Website angekündigt werden. Viele

Helfer geben Hinweise. *Di-Fr 9–18, Sa/So 11–19 Uhr | Zapopan | Avenida Central 750 | Tel. 0133 30 30 00 30 | trompomagico.com.mx |* ⏱ *2 Std. |* 🛏 *H9*

10 TLAQUEPAQUE UND TONALÁ

7 bzw. 15 km von Guadalajara entfernt, 15 bzw. 25 Min. Autofahrt

Mexikos Künstlerzentrum: Die Auswahl an Kunsthandwerksbetrieben und -geschäften im südöstlich gelegenen Tlaquepaque ist riesengroß. Eine autofreie Promenade führt vorbei an den schönsten Läden und Restaurants – oft gelegen in romantischen Patios – und vielen Werkstätten, die auch besucht werden können. Noch weiter südlich liegt der wesentlich ländlichere Töpferort Tonalá. Dutzende Werkstätten und Geschäfte laden auch hier zum Schauen und Kaufen ein. Am Sonntag und Donnerstag ist Markt. 🛏 *H9*

11 LAGO DE CHAPALA

50 km von Guadalajara entfernt, 1¼ Std. Autofahrt über MEX 90D

Der südlich von Guadalajara gelegene Chapalasee ist Domizil für Zigtausende US-Amerikaner, die hier die günstigeren Preise und das gute Klima schätzen. Zwei am Nordrand gelegene Dörfer sind besonders schön: *Chapala* lockt mit mexikanisch-amerikanischem Flair und viktorianisch anmutenden Häusern zwischen blühenden Bougainvilleen. *Ajijic* ist ein entzückender Kolonialort. Von der *plaza* aus lassen sich Kunstgewerbeläden und Boutiquen mit Ethnomode entdecken, allesamt untergebracht in prächtigen Wohnhäusern. Dazu locken tolle Cafés und Restaurants. 🛏 *H–J9*

DIE WESTKÜSTE

BADEPARADIES AM PAZIFIK

Nur wenn du aus den Bergen der Sierra Madre Occidental an die Westküste Mexikos kommst, erfährst du den ganzen Zauber dieser Region. Die Straße klettert über Pässe, überspannt gewagte Brückenkonstruktionen und wilde Schluchten.
Jahrhundertelang war die Pazifikküste nur von Fischern bewohnt und Revier von Seeräubern. Heute liegen hier bekannte Badeorte und stille Buchten, Lagunen bieten Lebensraum für seltene Wasservögel. Sieben Bundesstaaten umfasst das Gebiet, und jeder verfügt über einen be-

Kreuzfahrtklassiker: Acapulco mit seiner Bucht voller Strandhotels

sonderen Charakter. Reich an präkolumbischen Stätten ist allein Oaxaca, doch altspanische Kolonialatmosphäre findest du noch recht häufig.
Ob auf der Suche nach der perfekten Welle, tollem Partyleben oder der Hängematte im Boutiquehotel – die Westküste erfüllt locker jeden Wunsch. Besonders die wenig erschlossene Küste von Oaxaca zieht Budgettraveller an, die in kleinen Orten wie Zipolite und Mazunte oder im größeren Puerto Escondido günstig wohnen, tagsüber schwimmen, surfen, schnorcheln und sich abends in kleinen Strandrestaurants treffen.

DIE WESTKÜSTE

Mazatlán
S. 80

Acuario Mazatlán ★

255 km, 3 Std.

Escuinapa

San Francisco
del Mezquital

Río Grande

MEX
54

Fresnillo

Villa de Cos

Jerez

Zacatecas

Salinas de Hidalgo

MEX
54

MEX
45
D

Loreto

Rosamorada

Huejúcar

Aguascalientes

Jalpa

Palo Alt

1 **Mexcaltitán** ★

San Blas 2

Tepic

Teúl de
González Ortega

San Juan
de los Lagos

León

Las Varas

Corral del Risco

Puerto Vallarta
S. 82

Guadalajara

MEX
80
D

Irapuato

Playa Mismaloya

Isla del Río Cuale ★

La Barca

La Pieda
de Caba

Acatlán de Juárez

MEX
15
D

El Tuito

Union de Tula

MEX
54
D

Lago de Chapala

Lerma

La Cumbre

Mazamitla

Zamora

Panindi

Careyes

Totolimispa

Uruapan

Costa Alegre
3 4 **Manzanillo**

Colima

Buenavista
Tomatlán

MEX
37
D

Nueva Italia de Ruíz

Coahuayana
de Hidalgo

Arteaga

Churumuc
de Morelo

Play
Las Gata

Lázaro Cárdenas

Ixtapa
S. 86

950 km, 13 Std.

Zihuatanejo
S. 86

P A C I F I C

O C E A N

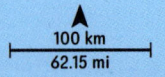

100 km
62.15 mi

MARCO POLO HIGHLIGHTS

★ **ACUARIO MAZATLÁN**
Das größte und schönste Aquarium von
Mexiko: Im Trockenen tauchst du ein in
den Pazifik ➤ S. 80

★ **MEXCALTITÁN**
Das „mexikanische Venedig" liegt auf
einer kreisrunden Insel im Pazifik ➤ S. 81

★ **ISLA DEL RÍO CUALE**
Tanzen, shoppen und Happy Hour auf der
Altstadtinsel in Puerto Vallarta ➤ S. 82

★ **FELSENSPRINGER IN ACAPULCO**
Den besten Blick auf die waghalsigen
clavadistas bietet das Restaurant La Perla
➤ S. 89

Hidalgo   Santander Jiménez

Ébano   **Tampico**

San Luis Potosí   MEX 70   Río Verde   **Ciudad Valles**

Pánuco

Gulf of Mexico

San Luis de la Paz   Xilitla   Tempoal de Sánchez   Naranjos

MEX 57   Jalpan de Serra   Álamo

MEX 105   Huejutla de Reyes

Celaya   **Santiago de Querétaro**   Zacualtipán   **Poza Rica**

San Juan del Río   MEX 130 D   Gutiérrez Zamora

Moroleón   **Pachuca**   **Tulancingo**   Tlapacoyan

Acámbaro   Atlacomulco   Zacatlán   Zaragoza

...lia   **Ciudad de México**   **Tlaxcala**   Ciudad de Libres   **Xalapa**

Zitacuaro   **Toluca**   **Puebla**   **Veracruz**

Cuernavaca   **Córdoba**   MEX 150 D

...iquicheo   Ixtapan de la Sal   Izúcar

...dad Altamirano   **Iguala**   MEX 95 D   Tulcingo de Valle   **Tehuacán**   **Tuxtepec**

🚌 *750 km, 11 Std.*

Huajuapan   MEX 135 D   Asunción Nochixtlán

Chilpancingo   Tlapa de Comonfort

Atoyac de Álvarez   Tierra Colorada   **Oaxaca**

Felsenspringer ★

Acapulco S. 88   Cruz Grande   Putla Villa de Guerrero

Cuajinicuilapa   Bahía de Cacaluta

Río Grande o Piedra Parada   Hagia Sofía **5**

Huatulco S. 91

Puerto Escondido **7**   **Puerto Ángel**

Mazunte **6** **6**   Playa Zipolite

Von Mazatlán bis hinunter nach Huatulco sind es fast 2000 km. Erschlossen wird die Region von den gut ausgebauten Bundesstraßen MEX 15 und (ab Tepic) MEX 200 sowie einem Dutzend kleiner Inlandsflughäfen.

und dem Panamakanal, ist deutlich günstiger als andere Ziele an der Pazifikküste, selbst in der Zona Dorada gibt es günstige Strandhotels, genießt man Seafood zu unschlagbaren Preisen.

Meerjungfrau macht Morgenyoga?! Skulptur am Malecón in Mazatlán

MAZATLÁN

(□□ F7) **Der seit Jahrzehnten bei mexikanischen Familien gefragte Badeort Mazatlán (480 000 Ew.) erlebt ein Comeback: Schließlich gibts pastellfarbene Kolonialhäuser in der Altstadt, nostalgische Bars an der Uferpromenade, dem Malecón, und dazu kilometerlange, palmengesäumte Sandstränge.** Auch nicht zu verachten: Mazatlán, größter Hafen zwischen San Diego

SIGHTSEEING

ACUARIO MAZATLÁN ★

Das größte Aquarium Mexikos vermittelt einen Eindruck von der faszinierenden Vielfalt der pazifischen Unterwasserwelt. Neben vielen Schaubecken, in denen auch Haie und Meeresschildkröten schwimmen und Tauchvorführungen stattfinden, zeigt das *Museo del Mar* Ausstellungen zum marinen Ökosystem. Es gibt auch ein Bereich für Seelöwen *(lobos)* und einen botanischen Garten. *Tgl. 9.30–17.30 Uhr |*

Deportes 111 | acuariomazatlan.com | ⏱ *1½ Std.*

ISLA DE LA PIEDRA

Mit dem Wassertaxi geht es in wenigen Minuten zu den Stränden der kleinen Insel. In lässigen Beachrestaurants gibt es kühle Drinks, Liegen und Sonnenschirme.

ESSEN & TRINKEN

EL PRESIDIO COCINA DE MÉXICO

Anspruchsvolle Küche, zauberhafte Atmosphäre: Nimm Platz im Patio des antiken Palasts und genieß Ceviche und Tacospezialitäten bei Gitarren- und Marimbamusik. *Blvd. Niños Héroes 1511 | Tel. 01669 9 10 26 15 | €€€*

THE SHRIMP FACTORY

Appetit auf Jumbo-Shrimps oder Hummer? Am Strand bestellt man nach Gewicht, und besser schmeckt es nirgends. Kein Wunder in einer Stadt mit der stärksten Krabbenfangflotte der Welt! Dazu trinkt man ein kühles Pacífico. *De Las Garzas 14 | Zona Dorada | Tel. 01669 6 68 96 80 | €€*

AUSGEHEN & FEIERN

PLAZA MACHADO

Wenn du dich nicht entscheiden kannst: Hier in der Altstadt warten nach Sonnenuntergang *Mariachi*-Kapellen neben tropisch gestylten Bars, tollen Restaurants und bunten Flohmarktständen. Die mit Chili und Koriander gewürzten Gemüsesäfte der kleinen Stände sind wahre Vitaminbomben und schmecken besser als in jedem Restaurant!

INSIDER-TIPP
Avocado-Smoothie to go

RUND UM MAZATLÁN

1 MEXCALTITÁN ★

255 km von Mazatlán entfernt, 3 Std. Autofahrt über die MEX 15D plus 20 Min. Bootsfahrt

„Venedig Mexikos" wird das Dorf auf einer kreisrunden Insel in einer Lagune südlich von Mazatlán genannt. Während der Regenzeit steigen die Bewohner zur Fortbewegung gelegentlich auf Kanus um, da sich dann die wenigen Straßen in Kanäle verwandeln. In den farbenfrohen Häusern auf stark erhöhten Fundamenten wird Kunsthandwerk angeboten, in einfachen Restaurants gibt es köstliche, frische Langusten. Man erreicht die Insel vom Embarcadero La Batanga. Durch ein Gewirr von Mangroven gelangt man über schmale Wasserstraßen mit dem Boot zur Insel. 🕮 *G8*

2 SAN BLAS

280 km von Mazatlán entfernt, 3½ Std. Autofahrt über MEX 15D

Die dschungelartige Wasserlandschaft rund um das kleine Fischerstädtchen (9000 Ew.) erforschst du am besten per Boot. Im Dorf erinnern das spanische *Fuerte San Basilio* und das Zollhaus *(Aduana)* an die koloniale Vergangenheit. Der Ort zieht mit seiner lässigen Atmosphäre besonders im Winter Surfer und Backpacker aus aller Welt an. *visitsanblas.com* | ⬚ *G8*

PUERTO VALLARTA

(⬚ G9) **An der Bucht von Banderas erwarten dich mehr als zwei Dutzend goldfarbene Strände.**
Trotz der 2,5 Mio. Besucher pro Jahr ist die Atmosphäre in dem zu beiden Seiten des Río Cuale gelegenen ehemaligen Fischerort (350 000 Ew.) typisch mexikanisch geblieben: Gepflasterte Innenstadtgassen, rote Ziegeldächer und schmiedeeiserne Balkone bestimmen das Stadtbild. Gebaut wird dagegen im Norden und an der Küste. Highlife herrscht an den Stränden. Neben einem großen Wassersportangebot gibt es Ausritte in den Dschungel.

SIGHTSEEING

ISLA DEL RÍO CUALE ★
Die 5 ha große Insel lockt mit stylishen Cafés und Restaurants sowie ausgefallenen Kunstgewerbeläden. Sie ist von beiden Straßenbrücken über Treppen sowie über eine Fußgängerbrücke nahe der Mündung zu erreichen. Auf der parkartigen Insel führen teilweise schmale Wege durch Gärten mit dichter Vegetation, u. a. Palmen und Bambus, zu romantischen Plätzen. Die Wege sind gesäumt von Kunsthandwerksständen und Läden. Ein Standbild von John Huston erinnert an Puerto Vallartas

Filmgeschichte. Es gibt keine Autos und keinen Lärm, nur ruhige und schattige Wege.

ESSEN & TRINKEN

CAFÉ DES ARTISTES
Nicht nur Hipster bekommen hier Lust, die märchenhaft dekorierten Desserts zu fotografieren! Das Caférestaurant im Kolonialstil serviert außerdem bestes französisch-mexikanisches Fusion-Food. *Guadalupe Sánchez 740 | Tel. 01322 2 22 32 28 | cafedesartistes.com | €€€*

KAISER MAXIMILIAN
Ob Kaiserschmarren oder Jakobsmuscheln in Cognacsauce: Das Restaurant mit österreichischen Schmankerln ist Kult bei vielen Langzeittouristen. Mit stilvoller Espressobar. *Olas Altas 380b | Tel. 01322 2 23 07 60 | kaisermaximilian.com | €€*

PIPI'S
Tolle Atmosphäre, bestes mexikanisches Essen und große Portionen ziehen seit 30 Jahren Gringos an. Starke Margaritas und stimmungsvolle mexikanische Livemusik verführen zu üppigen *propinas* (Trinkgeldern). *Pipila/Guadalupe Sánchez 804 | Tel. 01322 2 23 27 67 | pipis.com.mx | €–€€*

BISTRO TERESA
Es lohnt sich, bereits vor dem Sonnenuntergang hier zu sein, ein paar Cocktails zu ordern und sich mit der Bestellung des Essens etwas Zeit zu lassen. Top ist der Red Snapper, der in diversen Variationen auf den Tisch kommt.

Carretera a Mismaloya km 1,5 | Tel. 01322 1 13 02 81 | €€

SHOPPEN

BANDERAS SOAP BLENDS

Klar, alle Produkte kannst du auch online bestellen, aber ein Besuch in dem kleinen Altstadtshop macht so viel mehr Spaß. Welche Creme darf es sein? Die aus Biokokosöl oder lieber die mit dem verführerischen Mangoduft? Frag nach der aus Aprikosenkernen, Avocados und Rosenblättern angerührten *Sunkissed Face Cream*, die ist eine super After-Sun-Pflege. *Basilio Badillo 326 | banderassoapblends. com*

INSIDER-TIPP
Nach dem Sonnenkuss

SPORT & SPASS

EXPERIENCE MEX-ECO TOURS

Mit diesem Ökotourismus-Veranstalter kannst du Tagesausflüge zu den Stränden der nahe gelegenen *Costa Alegre* machen, Reitausflüge zu Kaffeeplantagen der Umgebung unternehmen oder eine Forschungsstation für Meeresschildkröten besuchen. Zuverlässig und kompetent. *Buchung Tel. 01315 3 55 70 27 | mex-ecotours. com*

STRÄNDE

Zu den schönsten Stränden in und bei Puerto Vallarta gehört die 10 km südlich gelegene *Playa Mismaloya*. Die Beach Bars unter Palmen am gol-

Typisch mexikanisches Flair herrscht im einstigen Fischerort Puerto Vallarta am Río Cuale

denen Sandstrand sind ideal, um einen Drink zu schlürfen.

Auch schön: das per Boot ab Marina Vallarta im Norden oder Muelle Los Muertos im Süden der Stadt erreichbare *Yelapa* mit palmblattgedeckten Strandrestaurants und tropisch anmutender Vegetation. In dieser südlichsten Bucht der Bahía Banderas legt das Boot am Playita Pier oder am halbmondförmigen Strand an. Die Zeit lässt sich genüsslich mit Schwimmen, Schnorcheln oder Fallschirmgleiten verbringen. Vom Strand führt ein 20- bis 30-minütiger Fußweg ins Dorf. Auch Pferde stehen zur Verfügung, und du kannst einen begleiteten Ausritt unternehmen: Erkundige dich, ob ihr dabei an dem in der Nähe gelegenen, 30 m hohen Wasserfall vorbeikommt und ob ihr dort eine Pause einlegen könnt. Badesachen einpacken! *yelapa.info*

INSIDER-TIPP
Badestopp am Wasserfall

AUSGEHEN & FEIERN

Der Badeort ist eine Partyhochburg: Obligatorisch ist die tägliche *hora feliz,* die Happy Hour, die in Puerto Vallarta praktischerweise gleich mehrere Stunden dauert. Man trifft sich dazu in den Cafés und Clubs an der Uferpromenade, dem *malecón.*

BAR MORELOS MEZCALERIA

Die hippe Bar ist die richtige Adresse für dich, wenn du auf cooles Loungedesign stehst und einen stilvollen Ort zum Abfeiern suchst. Unter den vielen Mezcal- und Tequilasorten gibt es auch echte Raritäten. *Morelos 589 | Facebook: BarMorelosPuertoVallarta*

LA BODEGUITA DEL MEDIO

Ableger der kubanischen Kultkneipe, die durch Hemingway berühmt wurde. Der orderte dort stets seinen Lieblingsdrink Mojito. Den mit Mineralwasser aufgegossenen Drink mit viel Rum, Limette und Minze servieren sie dir hier auch, ebenso gute Tequilacocktails. Und alles untermalt von Livemusik. Kurz nach Mitternacht tanzen die Ersten auf den Tischen. *Paseo Díaz Ordaz 585 | labodeguitadelmedio.com.mx*

RUND UM PUERTO VALLARTA

🕄 COSTA ALEGRE

Barra de Navidad ca. 230 km von Puerto Vallarta entfernt, 3¾ Std. Autofahrt über die MEX 200

Die Küstenstraße MEX 200 führt durch Palmenhaine und kleine Fischerdörfer südwärts, vorbei an Ferienclubs und versteckt gelegenen Hotels. Unzählige Inseln ragen aus dem glitzernden Meer. Die rund 78 km lange Costa Alegre südlich von Puerto Vallarta zwischen Chamela und Barra de Navidad ist eine der exklusivsten Urlaubsregionen der Westküste. Sie punktet mit abgelegenen Traumstränden und tollen Boutiquehotels.

Versteckte Lagunen bieten Lebensraum für Wasservögel und Säugetiere. „Küste

Mal richtig fies sein? Verschick ein Strandselfie von der Bahía Banderas

der Schildkröten", *Costa Careyes,* nannten die Indianer den südlichen Küstenabschnitt. Seit Jahrzehnten sind seine Buchten Ziel des internationalen Jetsets. Die Regierung von Jalisco ernannte diesen Streifen zur „ökologischen Küstenregion" und stellte damit die Weichen für ungetrübtes Urlaubsglück.

Die beiden Dörfer *San Patricio Melaque* und *Barra de Navidad* liegen auf einer Sandbank zwischen dem Meer und einer Lagune (hervorragende Surfbedingungen) und sind der Geheimtipp einer jungen, internationalen Bohemeszene. Das Leben spielt sich in den palmblattgedeckten Hotels und Restaurants ab. *G–H 9–10*

4 MANZANILLO

280 km von Puerto Vallarta entfernt, 4½ Std. Autofahrt über die MEX 200

Landschaftlich ein Traum ist die Fahrt von Puerto Vallarta entlang der Costa Alegre bzw. der Costa Careyes nach Manzanillo (190 000 Ew.). Hafenatmosphäre prägt die von goldenen Sandstränden umgebene Stadt. Als einer der bedeutendsten Überseehäfen des Landes setzt Manzanillo hauptsächlich auf Einnahmen aus Industrie und Gewerbe. Hier mischt sich also authentischer Alltag mit Tourismus.

Auf einer Landzunge zwischen zwei Buchten thront die Ferienanlage *Las Hadas* mit Restaurants und Cafés, die zu den besten der Region gehören. Toll ist besonders das Restaurant *Los Delfines (Tel. 01314 3 31 01 01 | Facebook: losdelfinesFCAM | €€€),* wo du unter einem Palmblattdach an der Santiago Bay einen Erfrischungsdrink nehmen kannst. *H10*

Pflichtstopp im Museum? Geschenkt! In Zihuatanejo lockt allein das süße Strandleben

IXTAPA/ ZIHUATANEJO

(□ J11) **Immer werden die beiden Orte (130 000 Ew.) zusammen genannt, dabei leben sie gerade von ihren Gegensätzen.**

Wem Acapulco zu groß und mondän, Puerto Escondido dagegen zu provinziell ist, der kommt hierher – und genießt beides. Ixtapa ist ein auf dem Reißbrett geplanter, recht edler Badeort. Hier reihen sich die Resorthotels entlang dem breiten Sandstrand, versteckt zwischen üppigen Parks und Gärten. Golfplätze, Tennisanlagen, Boutiquen und gute Restaurants prägen den Ort.

Anders das 7 km entfernte Zihuatanejo, ein bald 500 Jahre alter Fischerort, einst von dem westmexikanischen Indianervolk der Purépecha besiedelt. Treffpunkt der Ortschaft ist die *Paseo del Pescador* genannte Promenade am Hafen, besonders attraktiv in der Dämmerung, wenn Einheimische und Touristen die Schönheit der Bucht bei einem Spaziergang vor dem Abendessen genießen.

Mangels klassischer Sehenswürdigkeiten macht man in Ixtapa Hotelhopping: Entlang der weißen Playa Palmar liegen die Hotels, und da in Mexiko alle Strände öffentlich sind, schlendert man am Wasser von Adresse zu Adresse, vergleicht Foyers und Pools der Anlagen, nimmt hier einen *café de olla,* da eine Piña colada – ab 16 Uhr ist Happy Hour.

SIGHTSEEING

MARINA IXTAPA

Die Marina ist ein Mikrokosmos schicker Bars und Designerboutiquen zwischen Kanälen, Booten und Yachten. Das Vorzeigeprojekt der Westküste verfügt auch über einen 18-Loch-Platz, entworfen von Golfpapst Robert Trent Jones.

ESSEN & TRINKEN

COCONUTS

Das älteste Haus der Stadt bietet seinen Gästen beste mexikanische Küche mit vielen Fischspezialitäten. Ab 18 Uhr wird im Garten Livemusik gespielt. *Zihuatanejo | Pasaje Agustín Ramírez | Tel. 01755 5 54 25 18 | coco nutszihua.com | €€€*

LA SIRENA GORDA

Der morgendliche Fang bestimmt das Angebot der rustikalen Inkneipe. Spezialität sind auf dem Holzkohlegrill zubereitete Fische. *Zihuatanejo | Paseo del Pescador 90 (beim Pier) | Tel. 01755 5 54 26 87 | €€*

SHOPPEN

In Ixtapa schätzt man Shoppingcenter nach US-amerikanischem Vorbild mit insgesamt mehr als 400 Boutiquen, darunter auch solche mit exquisitem mexikanischem Kunsthandwerk.
In Zihuatanejo konzentriert sich das Angebot auf der Promenade *(Paseo del Pescador)* und in den umliegenden Straßen. Einen *Mercado de Artesanías* findest du in der *Calle 5 de Mayo.*

SPORT & SPASS

GOLF

Der *Campo de Golf Ixtapa* gilt als einer der schönsten der Küste. Der Kurs verläuft durch Lagunen und begrünte Hügel bis zum Sandstrand der Playa Palmar. Ungewöhnlich ist das angeschlossene Wildreservat, in dem schon mal Alligatoren gesichtet werden. Zum Clubhaus gehören Tennisplätze, Pool und ein Restaurant. *Greenfees um 100 US-$*

WASSERSPORT

Unterwassersichtweiten von bis zu 20 m und fast drei Dutzend abwechslungsreiche Tauchplätze, darunter ein gesunkenes Schiff, machen die Gegend zu einem beliebten Tauchrevier. Zahlreiche Geschäfte und die großen Hotels in Ixtapa verleihen das entsprechende Gerät und bieten Kurse an.

STRÄNDE

Ixtapas größtes Plus sind seine breiten, sauberen und unberührten Sandstrände. Wenn dir die *Playa Palmar,* an der Hotelzone gelegen, zu betriebsam ist, kannst du auf die von Felsen eingerahmte *Playa Hermosa* im Süden ausweichen.
In Zihuatanejo wartet die *Playa La Ropa* mit preiswerten Wassersportangeboten und mehreren Strandrestaurants. Am südlichen Ende der Bucht von Zihuatanejo locken an der 🌴 *Playa Las Gatas* weißer Korallensand, der Ausblick auf die Berge und beste Schnorchelbedingungen. Dank vorgelagertem Riff ist das Meer hier ruhig. Für ein paar US-Dollar fahren Boote hinaus *(ab Embarcadero Municipal Zihuatanejo).* Von der Playa Quieta nördlich der Hotelzone, der Playa Linda oder dem Bootsanleger *(muelle)* von Zihuatanejo starten auch Boote zur kleinen, be-

waldeten *Isla Ixtapa,* die von Leguanen und Rehwild bewohnt wird. Vier Strände laden zum Sonnenbaden ein; in romantischen Strandrestaurants werden exotische Drinks serviert. Beste Schnorchelbedingungen bietet die *Playa Coral.*

AUSGEHEN & FEIERN

Bereits vor Sonnenuntergang füllen sich die Bars und Cafés. Wer sich etwas Besonderes gönnen will, bucht eine Sunset Yacht Cruise auf einem romantisch beleuchteten Katamaran. Die jüngere Generation trifft sich im cool gestylten Topclub *Christine* auf dem Gelände des Hotels Krystal Ixtapa.

ACAPULCO

WOHIN ZUERST?

Zócalo: Der Platz in der Altstadt ist der beste Ausgangspunkt für eine Besichtigung, denn die wenigen Sehenswürdigkeiten Acapulcos liegen weit verstreut. Du kommst mit den Bussen „Costera" und „Zócalo" hierher. Vom Zócalo gelangst du über die Avenida Miguel Alemán am Hafen und die Calle Hornitos zum San-Diego-Fort mit seinem historischen Museum. Auch Quebrada mit seinen Felsenspringern lässt sich noch zu Fuß erreichen, für andere Ziele braucht man ein Taxi oder nimmt den Bus, der entlang der Bucht fährt.

Wie damals in der Duschgelwerbung: Ein Quebradaspringer stürzt sich in die Tiefe

(📖 *K11*) **Hoteltürme, Restaurants und Clubs säumen die glitzernde Bucht, millionenschwere, traumhafte Villen liegen am Hügel von Las Brisas, Kreuzfahrtschiffe im alten Hafen, während Straßenhändler und *mariachis* den Zócalo prägen.** Und nicht zu vergessen: die kilometerlangen Sandstrände, die Acapulco (2 Mio. Ew.) in den 1940er-Jahren zum Seebad und Tummelplatz reicher US-Amerikaner machten. Mittlerweile ist der einstige Hotspot etwas in die Jahre gekommen und wegen vermehrter Drogenkämpfe im Bundesstaat Guerrero bleiben Besucher weg. Hotels bieten daher günstigere Preise und die Polizei erhöhte ihr Sicherheitsaufgebot.

SIGHTSEEING

FELSENSPRINGER ★
Die *clavadistas,* die sich spektakulär vom 42 m hohen Quebradafelsen kopfüber in eine enge Meeresbucht stürzen und auf unzähligen Acapulcoplakaten zu sehen sind, kannst du täglich live erleben. Die beste Sicht auf die mit Flutlicht erhellte Szenerie eröffnet sich von den Terrassen des Restaurants *La Perla (im Hotel Mirador | Tel. 01744 4 83 11 55 | €€–€€€).* Das Essen ist zwar nur durchschnittlich, das Erlebnis dafür erste Klasse. Viele Hollywoodstars und VIPs haben hier früher diniert. *Tgl. 19.30, 20.30, 21.30, 22.30 Uhr sowie 12.45 Uhr Sondervorstellung | am westl. Rand der Altstadt*

FUERTE DE SAN DIEGO
Meterdicke Bastionen kennzeichnen das im 18. Jh. erbaute Fort, das Acapulco vor Piratenangriffen schützte. Heute fesselt es als historisches Museum: Es erweckt die Kolonialzeit zum Leben, als Acapulcos Hafen (fast) der Nabel der Welt war.

SIDER-TIPP
Picknick mit Traumblick

Eine bessere Aussicht aufs Meer genießt du an kaum einem anderen Ort, also besorg unterwegs Käse, Brot, Oliven und Getränke und such dir ein schattiges Plätzchen unter Palmen!

Di–So 9.30–18.30 Uhr | Calle Hornitos ab Costera M. Alemán | ⏱ 2 Std.

ESSEN & TRINKEN

LA CABAÑA DE CALETA
Das Strandrestaurant in einer offenen *palapa* punktet mit seinem großen und günstigen Angebot an Meeresfrüchten, die man mit Blick auf Badende und Fischerboote genießt. *Fraccionamiento Las Playas | Playa Caleta Oriente | Tel. 01744 4 69 85 53 | lacabanadecaleta.com | €€*

EL NONO
Zur Happy-Hour-Zeit am späten Nachmittag herrscht viel Trubel. Abends gibt es in dem Strandrestaurant frischen Fisch. *Costera M. Alemán 179, beim Parque Papagayo | Tel. 01744 4 85 16 72 | €€*

EL FOGÓN
Ein Dauerbrenner: Serviert werden regionale Spezialitäten, darunter der köstliche Eintopf *pozole. Costa Azul | Costera M. Alemán 10//Antón de Alaminos, neben Plaza Galerías | Tel. 01744 4 84 50 79 | €–€€*

ZIBU
Trau dich: Das thailändisch-mexikanische Fusion-Food schmeckt umwerfend und das Lokal gehört zu Acapulcos Topadressen. Dazu die tropisch-romantische Atmosphäre hoch über der Bahía de Puerto Marqués. Auf der kleinen, wechselnden Karte stehen köstliche Desserts. *Fraccionamiento Glomar | Avenida Escénica | Tel. 01744 4 33 30 69 | zibu.com.mx | €€€*

SHOPPEN

Einkaufen macht in Acapulco nicht viel Spaß. Hunderte von Souvenirläden und Boutiquen reihen sich an der 14 km langen Costera M. Alemán aneinander, und an den Strandzugängen stehen die fliegenden Händler. An der Ecke Horacio Nelson/James Cook (Costera hinter der Baby-O'-Disco) findest du *AFA (Artesanías Finas Acapulco)*, einen großen Supermarkt mit Kunsthandwerksprodukten aus ganz Mexiko. Dort gibts originale Artikel zu etwas höheren Preisen. Hinter dem Zócalo liegen mehrere Straßen mit Souvenir- und Kunsthandwerksständen.

SPORT & SPASS

EL ROLLO 😛

Ein Wasser- und Vergnügungspark, wie ihn Kinder mögen. Die Anlage ist laut, lebhaft und bunt. Wasserspielplätze, künstliche Wellen und weitere Attraktionen sorgen für Abwechslung. Und zwischendurch erholt man sich bei Eis und Tacos. *Tgl. 10–18 Uhr | Costa Azul | Costera M. Alemán/Cristóbal Colón | el rolloacapulco.com.mx | ⏱ 2½ Std.*

STRÄNDE

Die von Einheimischen bevorzugte *Playa Caleta* im äußersten Westen der Bucht hat nette und günstige *Palapa*-Cafés. Mehrmals stündlich starten Bootstouren zur gegenüberliegenden *Isla Roqueta* – ideal zum Schnorcheln. *Playa Hornos* in der Mitte der Bucht, gegenüber dem Parque Papagayo, ist der klassische Nachmittagstreff.

Am längsten Sonne hat man an der ganz im Osten der Acapulco Bay gelegenen *Playa Icacos*. Die *Playa Revolcadero* 15 km östlich erstreckt sich ins offene Meer. Exklusiv ist die Atmosphäre an der *Playa Revolcadero* etwa 20 km südlich der Innenstadt bei Punta Diamante. Frag in den Strandbars zur täglichen Happy-Hour nach dem Cocktail des Tages.

INSIDER-TIPP
Tequila Sunrise & Co für die Hälfte

AUSGEHEN & FEIERN

Beim Ausgehen nach Sonnenuntergang sollte man in Acapulco erhöhte Vorsicht walten lassen und nur Taxis von offiziellen Taxiständen benutzen bzw. telefonisch bestellen. Auch Polizisten und Sicherheitsleute, in Acapulco ein allgegenwärtiger Anblick, können nicht verhindern, dass es immer mal wieder zu Schießereien und Morden kommt. Die Stadt ist fest in der Hand von krimi-

nellen Gangs, deren Mitglieder in den Vororten wohnen. Wer ganz auf Nummer sicher gehen will, beschränkt sich auf Clubs in den Fünf-Sterne-Hotels.

HUATULCO

(🗺 M–N12) „Das wiedergefundene Paradies" heißt der Slogan des mexikanischen Fremdenverkehrsbüros für die neun Buchten, die zusammen die Bahías de Huatulco bilden. Noch gehören die Buchten zu den abgeschiedeneren der großen mexikanischen Urlaubsziele. Am weitesten fortgeschritten ist die touristische Infrastruktur in der Tangolundabucht. Neben Luxus- und Mittelklassehotels, Boutiquen und Fischrestaurants gibt es einen Golfplatz und einen Bootshafen. Zur Versorgung des Komplexes entwickelte man 2 km vom Strand entfernt die Ortschaft *La Crucesi-*

ta (8500 Ew.) im mexikanischen Stil. Hier befinden sich preiswerte Restaurants; den Transport zu den Stränden besorgen Taxis. Das alte Dorf *Santa Cruz* an der gleichnamigen Bucht zieht zunehmend Yoga- und Wellnessurlauber an.

SIGHTSEEING

BAHÍA DE CHACHACUAL
Eine als Naturschutzgebiet ausgewiesene Bucht an der Mündung eines Flusses: Ein Weg führt durch den Küstenwald, in dem Baumriesen in den Himmel ragen. In einer kleinen Siedlung leben schwarze Familien, Nachfahren jener Sklaven, die die Spanier ins Land brachten.

ESSEN & TRINKEN

DOÑA CELIA
Das Fischrestaurant serviert die besten Langusten- und Hummerspeziali-

Tourismusmaschine Acapulco: Skyline am östlichen Ende der Bahía de Acapulco

täten. *Playa Colonia, Bahía de Santa Cruz | Tel. 01958 5 83 48 76 | restaurantdonacelia.com | €€€*

LOS PORTALES

Das Los Portales hat seine Tische an der Plaza Principal im Freien. Es ist schon zum Frühstück geöffnet, außerdem gibts Mexikanisches, z. B. hausgemachte Tacos mit Fisch und Schalentieren. *Bugambilias 603 (Plaza Principal de La Crucesita) | Tel. 01958 5 87 00 70 | losportaleshuatulco.com | €€*

STRÄNDE

Strandhopping macht Spaß in Huatulco, da die *playas* sehr unterschiedlich sind. Wassersportler bevorzugen die Buchten *El Órgano* und *Maguey*. Einsamkeit und Romantik gesucht? Dann lass dich mit dem Boot in der ⚓ *Bahía de Cacaluta* absetzen und verbring den Tag unter Palmen am Strand der einsamen, herzförmigen Traumbucht.

RUND UM HUATULCO

5 HAGIA SOFÍA

30 km von Huatulco entfernt, 35 Min. Autofahrt

Handtellergroße Schmetterlinge, exotische Blumen und eine Bioobstplantage: Auf verschiedenen Wegen und einem Lehrpfad lernt man den nordwestlich von Huatulco bei *Apanguito* in einer Flussschleife gelegenen Ökobetrieb in den Bergen kennen.

Unter dem Wasserfall des Río Magdalena kannst du kurz abtauchen – herrlich erfrischend! *Tel. 01958 5 87 08 71 | 65 US-$ inkl. Transfer vom/zum Hotel, Frühstück und Lunch | hagiasofia.mx |* 🗺 *M12*

INSIDER-TIPP
Pack die Badehose ein

6 PUERTO ÁNGEL UND MAZUNTE

55 km von Huatulco entfernt, 1 Std. Autofahrt über die MEX 200

Puerto Ángel (3500 Ew.) ist ein Treff junger Rucksackreisender aus Amerika und Europa. Kleine Pensionen liegen an der Uferstraße. Beliebt sind die einfachen Hütten *(cabañas)* und Hängemattenpensionen (Gärten, in denen in Hängematten geschlafen wird) des 4 km entfernten ⚓ *Playa Zipolite,* eines Traumstrands mit feinem weißen Sand und glasklarem Wasser. Edles Beachclub-Flair in palmblattgedeckten *palapas* verströmt dort die Restaurantbar des *El Alquimista (Tel. 01958 5 87 89 61 | el-alquimista. com | €€):* mit einer Piña colada in den weichen Kissen der riesigen Bambussofas versinken – herrlich!

Von Puerto Ángel aus lohnt ein Besuch im gut 10 km westlich gelegenen *Mazunte,* einem Fischerort, der mit Schutzmaßnahmen für Meeresschildkröten begonnen hat. Großartig ist das *Centro Mexicano de la Tortuga (Mi–So 10–16.30 Uhr | centromexicanodela tortuga.org, tomzap.com/turtle.html |* 🕐 *1 Std.),* ein engagiert geführtes Zentrum für Schildkrötenforschung mit Aufzuchtstation. In gewaltigen Becken tummeln sich diverse Arten zum Teil meterlanger Meeresschildkröten. Besucherlieblinge sind die eher kleinen *olive ridley sea turtles* (Bastardschildkröten) mit ihrem auffälligen Muster auf den Flossen und dem Kopf.

Mazunte hat sich zu einem Zentrum für nachhaltigen Tourismus entwickelt und zieht viele Althippies und Yogafans an. Besonders die Yoga- und Meditationslehrer von *Hridaya Yoga (Carretera 175 | Tel. 01958 100 89 58 | hridaya-yoga. com)* sind Meister ihres Fachs – eine tolle Adresse, ob für den einstündigen Kurs oder das Monatsretreat. 🚷 *M12*

7 PUERTO ESCONDIDO

115 km von Huatulco entfernt,
2 Std. Autofahrt über die Mex 200
Lässige Surfkultur rund um die Zicatelas Bay ist das hervorstechende Merkmal des „versteckten Hafens" (45 000 Ew.). Auf dem internationalen Flughafen landen Start-up-Unternehmer, die den Laptop für ein paar Tage gegen ein Surf-

brett eintauschen. Palmblattgedeckte (Luxus-)Hütten wie einfache Backpackerzimmer mit Topwellen rund ums Jahr begeistern eine eingeschworene Surfergemeinde. Die Atmosphäre ist lässig, das Publikum jünger, das Preisniveau recht niedrig. Bei Sonnenuntergang frisch geschlüpfte Babyschildkröten ins Meer setzen kannst du am nahen *Palmarito Beach* auf einem überall in Puerto Escondido buchbaren Ausflug.

INSIDER-TIPP
Starthilfe ins Leben

Entlang der Bucht zieht sich die Avenida Pérez Gasga, die Promenade des Orts, flankiert von Strandhotels und -restaurants, Geschäften für Batikhemden und indische Amulette. Zwischen Straße und Meer beschatten Palmen den Strand. Verkäufer bieten ihre Hängematten feil, Cafés frische Säfte und die Zeitung von gestern. 🚷 *M12*

Runter vom Handtuch und ab aufs Brett! Puerto Escondido ist ein Surfspot

DER NORDEN

ALLEIN MIT DER NATUR

Mit dem Geländewagen geht es durch die Wüste, und die Eisenbahn rumpelt durch unberührte Gebirgswelten. Kurz hinter der Stadtgrenze von Tijuana beginnt die Einsamkeit. Niederkalifornien oder, wie die Mexikaner sagen, Baja California erstreckt sich wie ein langer Finger rund 1300 km in den Pazifischen Ozean.

Die im Durchschnitt nur 90 km breite Halbinsel ist eine Welt für sich: Während die Landschaft mit ihrem Braun-in-Braun, mit Dornensträuchern, Kaktushainen und kahlen Felsformationen einen fast

Steter Tropfen höhlt den Stein: Ein Fluss hat die Kupferschlucht in die Felsen gegraben

lebensfeindlichen Eindruck erweckt, ist die Tierwelt an den beiden Küsten von großer Vielfalt. Manche einsam gelegenen Hotels haben Teleskope aufgestellt: Die Gewässer liegen an der Route der Wale, die von Dezember bis April hier ihre Jungen zur Welt bringen. Nicht weniger aufregend ist die Sierra Madre Occidental, die mit atemraubenden Schluchten aufwartet. Nur mit der Eisenbahn gelangst du zur Kupferschlucht, die mindestens so spektakulär ist wie der Grand Canyon in den USA.

DER NORDEN

Avalon

Tijuana
S.98

Ensenada

Lázaro Cárdenas

Punta
Colonet

El Rosario

Yuma

Mexicali

San Luis
Río Colorado

Golfo de
Santa Clara

San Felipe

Buckeye

Gila Ben

Ajo

Sonoyt

ARIZONA

Puerto
Peñasco

Golfo de California

P A C I F I C

O C E A N

Isla de Cedros

Bahia Tortugas

Bahía Asunción

Guerrero Negro

El Maras

San Juanico

MARCO POLO HIGHLIGHTS

★ **EL ARCO**
Glasklares Wasser und ein Hauch „Ende
der Welt"-Feeling in Los Cabos ➤ S.100

★ **SAN CARLOS**
Auf Tuchfühlung mit den Grauwalen in
der Bahía Magdalena ➤ S.103

★ **MUSEO DE LA REVOLUCIÓN
IN CHIHUAHUA**
Besuch bei Mexikos größtem Banditen,
Pancho Villa – hier kommst du dem
Revolutionshelden ganz nah ➤ S. 104

★ **BARRANCA DEL COBRE**
Eine der spektakulärsten Eisenbahn-
strecken der Welt führt geradewegs zu
Mexikos Kupfercanyon ➤ S. 106

100 km
62.15 mi

In den Straßen der Shoppingstadt Tijuana leben Gringos ihren Kaufrausch aus

TIJUANA

(☐ A1) **Vom kalifornischen San Diego aus kannst du in einer knappen Stunde mit der Straßenbahn nach Mexiko fahren und zu Fuß über die Grenze gehen.**

Von dort aus fahren von 8.30 bis 21 Uhr alle 15 Minuten Mexicoach-Busse *(mexi coach.com)* für wenige US-$ zur Station Downtown Tijuana Tourist Terminal an der Avenida Revolución, Ecke 7a Calle. Für die Kalifornier ist Tijuana (2 Mio. Ew.) Wochenendziel: Preiswerte Shoppingmöglichkeiten, Bars, Restaurants, Clubs und Spielsalons bringen den Wohlstand der Stadt. Schon während der Prohibition 1920–1933 erlebte Tijuana einen ersten Boom, hier trafen sich seinerzeit die Durstigen von Seattle bis San Diego.

SIGHTSEEING

MUSEO DE LAS CALIFORNIAS

Das historische Museum der Halbinsel Baja California befindet sich im *Centro Cultural de Tijuana* (CECUT). Die Ausstellungen reichen von der präkolumbischen Archäologie über die Kolonialzeit bis ins 20. Jh.
Das Centro bietet Folklore und eine Vielfalt von Events. Viele Veranstaltungen gibt es zum 👓 Nulltarif, einige kosten geringen Eintritt. *Di–So 10– 19 Uhr | Paseo de los Héroes/Mina | cecut.gob.mx |* ⏱ *30 Min.*

ESSEN & TRINKEN

CAESAR'S

Ribeye-Steak, Shrimps oder Tapas: Was hier auf dem Tisch landet,

INSIDER-TIPP
Geburtsort eines Klassikers

schmeckt hervorragend. *Caesar's Salad, also Römersalat mit Croutons, Parmesan und einem leckeren Dressing, wurde in den 1930ern hier erfunden.* Avenida Revolución/Calles 4–5 | Tel. 01664 6 85 19 27 | caesarsti juana.com | €€

CAFÉ LA ESPECIAL
Eine Institution seit 1952 ist dieses Caférestaurant, in dem es die Klassiker der mexikanischen Küche gibt. *Boulevard Salinas 3600 | Tel. 01664 6 86 62 58 | cafelaespecial.com | €*

STRÄNDE

Tijuanas *playa* lockt mit hohen Wellen und Naturstrand. Hier trifft man sich in den Morgenstunden und am Nachmittag – als Besucher jedoch nicht allein, sondern stets in Begleitung! Entlang des parallel verlaufenden, 6 km langen Malécon lässt es sich gut joggen. Hier könnt ihr auch einen *café con leche* trinken oder an einem der Obststände frische Smoothies genießen. *Paseo Ensenada por que me sur*

AUSGEHEN & FEIERN

CASA DE LA CULTURA
In dem historischen Gebäude bieten Amateure abends Pop, Folklore, Theater und Lesungen. *Paris/Lisboa (Colonia Altamira)*

LOS CABOS

(D–E7) **Da, wo Pazifik und Golf von Kalifornien sich mischen, ist alles auf Spaß, Erholung und Action ausgelegt.**

An der Südspitze der 1550 km langen Halbinsel Baja California weicht die Wüste ungezählten Luxusresorts, Restaurants und Clubs, dem Grün teurer Golfplätze. Wem der Hype zu viel wird, braucht nur ins Auto zu steigen, um die einsame, bizarre Wüstenlandschaft mit meterhohen *Cardón*-Kakteen zu sehen. Los Cabos besteht aus zwei Städten: dem ruhigeren *San José del Cabo* (70 000 Ew.) und der gut 30 km südwestlich gelegenen Partyhochburg *Cabo San Lucas* (70 000 Ew.), wo rund um die Uhr in den Clubs und Bars gefeiert wird.

MAQUILADORAS

Maquiladoras heißen die Freihandelsbetriebe, die an der Grenze zwischen Mexiko und den USA liegen. Die Fertigungsstätten profitieren von den niedrigen mexikanischen Löhnen. Rund 2000 dieser Fabriken gibt es, und sie beschäftigen etwa 600 000 Menschen. Regionale Schwerpunkte sind dabei Tijuana und Ciudad Juárez. Morgens bringen Lastwagen Einzelteile heran, die zu Fertigwaren (Elektronik, Sportartikel u. a.) zusammengesetzt werden und schon am Abend Mexiko wieder verlassen.

SIGHTSEEING

SAN JOSÉ DEL CABO
MAIN SQUARE

Herausgeputzte koloniale Häuschen und nostalgische Kopfsteinpflasterstraßen umgeben den schmiedeeisernen Kiosk: Im *Centro Histórico* der Stadt herrscht eine angenehm entspannte Atmosphäre, es gibt nette Cafés, Shops und Restaurants – und natürlich *Mariachi*-Bands.

EL ARCO ⭐

Einfach nur spektakulär: Am Ende der langen Halbinsel, dort wo Pazifik und Golf von Kalifornien zusammentreffen, durchbricht ein Felsentor die mächtigen Gesteinsformationen. Der Bogen lässt sich vom Festland aus erkennen. Oder du unternimmst eine Bootstour *(buchbar am Hafen)* – am besten kurz vor Sonnenuntergang – und schaust dir das Wahrzeichen von Los Cabos aus der Nähe an.

FARO DE CABO FALSO

Die Ruinen des alten Leuchtturms von 1890 und ein Schiffswrack von 1912 liegen 5 km südwestlich von Cabo San Lucas in den Dünen 200 m über dem Meer. Reisebüros organisieren Touren und an den Stränden der Stadt werden Pferdeausritte zum Faro Viejo angeboten.

ESSEN & TRINKEN

Die Restaurants in Los Cabos sind teurer als in den anderen Orten von Baja California, Auswahl und Konkurrenz dafür groß. Auch im Yachthafen reihen sich die Cafés und Restaurants aneinander.

DON SANCHEZ

Tadd Chapman, der kanadische Koch, serviert gesunde und köstliche Gerichte der von ihm kreierten Baja-Contemporary-Küche. Nimm Platz auf einem der traditionellen *Equipales*-Sessel im Freien. Toll schmeckt die Meeresfrüchte-*chilpachole,* eine Suppe mit Jakobsmuscheln, Shrimps und Hummer. Für Vegetarier gibts eine separate Karte mit Zutaten von der eigenen Biofarm. *San José del Cabo | Boulevard Mijares | Edificio Eclipse | Tel. 01624 1 42 24 44 | donsanchezrestaurant.com | €€€*

FLORA FARMS

Retrostyle kombiniert mit Nachhaltigkeit: Der große Ökobetrieb ist ein Traum, ästhetisch ebenso wie kulinarisch. Nach dem täglich wechselnden Essen lohnt sich der Besuch des Hofladens, um frische Biobackwaren wie z. B. *pastel de zanahoria* (Karottenkuchen) zu kaufen. *San José del Cabo | Colonia Los Animas Baja | Carretera Transpeninsular km 30 | Tel. 01624 1 42 10 00 | flora-farms.com | €€*

INSIDER-TIPP
Zum Mitnehmen bitte!

ZIPPER'S ON THE BEACH

Der Ort für Surfer, um einen saftigen Black-Angus-Burger, Spareribs und ein kühles Victoria mit Blick auf die Wellen zu genießen. *San José del Cabo | Costa Azul Beach | Carretera Transpeninsular km 28,5 | Tel. 01624 1 72 61 62 | zippers.restaurantwebexperts.com | €*

SPORT & SPASS

Trockene Luft, ausgeglichene Temperaturen: Zwischen Oktober und März ist Los Cabos mit seinen 16 Weltklasse-Golfkursen das Sehnsuchtsziel vieler Golfer. Tee-Times werden dann viele Tage im Voraus reserviert.

CABO CANOPY TOURS 👹

Wie Tarzan an einer Liane schwingen, sicher angeseilt über eine Schlucht schweben: nur ein Teil des Vergnügens, das Kinder und Jugendliche erwartet, die mit ihren Eltern eine dreistündige Costa-Azul-Zipline-Tour *(ab Hotel)* in den Nationalpark Boca de Sierra bei Cabo San Lucas unternehmen. Bereits die Anreise durch die wilde Landschaft ist ein Teil des Erlebnisses. *Tgl. 9, 12, 15 Uhr | cabozipline. com*

WALBEOBACHTUNGSTOUREN

Mit kleinen Booten nähert ihr euch den Grauwalen bis auf wenige Meter – vorausgesetzt, es ist Saison. Denn nur im Winterhalbjahr pflügen die sanften Meeresbewohner durch die warmen Gewässer von Baja California, um sich fortzupflanzen. Bootstouren kann man praktisch überall für 35–70 US-$ buchen.

WILD CANYON ADVENTURE PARK

Zipline-Touren, Bungee-Jumping und jede Menge anderes adrenalinsteigerndes – leider recht teures – Halligalli. *San José del Cabo | Carretera Transpeninsular km 19,5 | wildcanyon. com.mx*

STRÄNDE

Zwischen Cabo San Lucas und San José del Cabo ziehen sich zahlreiche Superstrände entlang, von denen wegen der gefährlichen Strömung nur acht zum Baden freigegeben sind. Surfer bevorzugen die *Costa Azul* und *Acapulquito* wegen der recht stürmischen Wellen.

Die perfekt gepflegte 🐟 *Punta Palmilla* mit ihrem glasklaren Wasser ist bestens geeignet zum Schnorcheln, Schwimmen und Sonnenbaden. Der Strand, an den Mexikos schönste Beachhotels grenzen, ist palmenumsäumt, hell und feinsandig. Hier mi-

Am Übergang zwischen Pazifik und Golf von Kalifornien: El Arco

schen sich Promis von einem nahen Luxusresort unter die Badegäste.

AUSGEHEN & FEIERN

CABO WABO

Tequila und Mezcal unter einem weißen (imitierten) Leuchtturm, jedoch recht schick. Der Club wird seit 1990 vom ehemaligen Van-Halen-Sänger und Songwriter Sammy Hagar betrieben. Täglich wechselnde Rockbands. *Cabo San Lucas | Vicente Guerrero/Lázaro Cárdenas | cabowabo.com*

RUND UM LOS CABOS

1 TODOS SANTOS

80 km von Los Cabos entfernt,
1 Std. Busfahrt

Altrocker, Maler und Surfer leben in diesem Fischerstädtchen (5500 Ew.) Tür an Tür mit Einheimischen. So mancher, der den Ort zufällig entdeckte, blieb hier hängen, angezogen von der Atmosphäre, die noch immer an die 1970er erinnert. New-Age-Cafés, Surferkneipen, Galerien und von Ausländern betriebene Restaurants ziehen auch verwöhnte New Yorker an. Unbedingt vorbeischauen solltest du im künstlerisch designten *Hotel California (Juárez | hotelcaliforniabaja.com).* Es soll das legendäre Hotel aus dem gleichnamigen Eagles-Song sein: „You can check out anytime you like, but you can never leave", heißt es da. Bestell dir dort ein Bier in der *La Coro-*

nela Bar, wo samstagabends Rockbands spielen und die Post abgeht.

Ein authentisches Baja-Erlebnis machst du 5 km südlich von Todos Santos: Die 🦅 *Punta Lobos* ist wild und einsam. Pelikane leben hier, wo hohe Wellen ausrollen. Ein Traum für jeden, der Natur liebt, jedoch nur bedingt zum Schwimmen geeignet. ▯▯ *D7*

2 LA PAZ

185 km von Los Cabos entfernt,
2 Std. Busfahrt über Todos Santos

Die Hauptstadt (250 000 Ew.) der südlichen Baja California zeigt sich stylish-modern und international, ist aber gleichzeitig typisch mexikanisch. An der Uferpromenade, dem *malecón,* und drum herum findest du ausgefallene Läden, tolle Fischrestaurants und einige Clubs.

INSIDER-TIPP
Fischtacos futtern

Hungrig vom Schwimmen? Nichts schmeckt dann besser als die mit frischer Salsa und Sauerrahm servierten Meeresfrüchtetacos von *Taco Fish La Paz (Av. Márques de León/Heroes de la Independencia | Tel. 0 16 12 1 25 70 75 | Facebook: tacofishlapaz | €).*

Die im Vergleich zu Orten wie Cabo San Lucas recht niedrigen Preise begeistern Backpacker aus aller Welt, die sich während der Wintermonate hier einmieten. Dann kann man Walhaie in der Bucht sehen, an Touren teilnehmen. Es gibt auch Ausflüge zu den nahe gelegenen kleinen Inseln und den Seelöwenkolonien der Umgebung.

Umgeben von Kakteen und Mangroven, an einer hufeisenförmigen Bucht, liegt 🦅 *Balandra Beach (25 km nördl.*

von La Paz). Hier wartet weißer Sand und ein Hauch Südseefeeling. Das seichte, klare Wasser ist ideal zum Schnorcheln. 🗺 *D6*

Die Preise sind zudem recht moderat *(60 US-$ pro Stunde und Boot | Tel. 01800 8 31 90 41 | hotelbrennan.com. mx |* ⏱ *mind. 3 Std.).* 🗺 *C6*

Läuft bei ihr: Strandspaziergang in La Paz

🔳 SAN CARLOS ⭐

420 km von Los Cabos entfernt, 5 Std. Busfahrt

Von Mitte Januar bis Mitte April versammeln sich Grauwale in den Gewässern von Baja California, um sich zu paaren und ihre Jungen zur Welt zu bringen. Viele Aussichtspunkte sind schwierig über ungeteerte Straßen oder nur vom Meer aus zu erreichen. Relativ einfach gelangt man aber zu den an der Bahía Magdalena nördlich von Cabo San Lucas an der Westküste gelegenen Aussichtspunkten *San Carlos, Punta Stern* sowie *Puerto López Mateos.* Der Bootsführer des Hotel Brennan in San Carlos ist ein echter Profi. Er weiß, wo er jeden Tag die Wale antreffen kann.

INSIDER-TIPP
Grauwale sehen

CHIHUAHUA

(🗺 G4) **Eine Cowboystadt wie aus einem Wildwest-Bilderbuch. In Leder gekleidete** *rancheros* **erledigen in Chihuahua (gesprochen: Tschiwa-wa) ihre Viehgeschäfte.**

Touristen ist die in 1500 m Höhe in einem Tal der Sierra Madre gelegene Stadt (ca. 1,1 Mio. Ew.) vor allem bekannt als Endpunkt der Bahnfahrt durch die Kupferschlucht. Als wohlhabende Hauptstadt des größten mexikanischen Bundesstaats verfügt Chihuahua über einige prächtig restaurierte Kolonialpaläste und zahlreiche aufwendige Jugendstilbauten. Chihuahua ist auch der Geburtsort von Pancho Villa, einer der schillerndsten

Figuren der mexikanischen Revolution. Mit dem Schlachtruf „Viva la Revolución" führte er seine 1913 gegründete Reitertruppe División del Norte zum Sieg und damit zum Sturz des Diktators Porfirio Díaz. Mit Überfällen seiner Leute auf Großgrundbesitzer schuf sich Villa aber auch Feinde: Am 20. Juli 1923 wurde er erschossen.

SIGHTSEEING

CATEDRAL
Den frühen Reichtum Chihuahuas demonstriert die im 18. Jh. mit Silbersteuern erbaute Barockkirche. In ihrem Inneren ist sie prunkvoll ausgestattet mit Kunstwerken. *Plaza de Armas*

PALACIO DE GOBIERNO
Gewaltige *murales* von Piña Mora zur Geschichte des Bundesstaats zieren diesen Ende des 19. Jhs. erbauten Palast, der während des Unabhängigkeitskriegs zum Schauplatz einer Hinrichtung wurde. Das Grab und ein Denkmal erinnern noch heute an Pater Hidalgo. *Tgl. 8–20 Uhr | Plaza Hidalgo*

CENTRO CULTURAL QUINTA GAMEROS
Im ehemaligen Wohnhaus eines mexikanischen Bergbauingenieurs bietet sich dir die seltene Gelegenheit, sich einmal ein großbürgerliches Gebäude von innen anzusehen. Es ist ausgestattet mit erlesenen Möbeln, die zum Teil aus dem Art nouveau stammen. Dazu informiert eine Ausstellung über die in der Umgebung siedelnden Mennoniten. *Di–So 11–14 und 16–19 Uhr | Paseo Bolívar 401/Calle 4 | ⏱ 45 Min.*

MUSEO DE LA REVOLUCIÓN ⭐
„Quinta Luz" – auf den Namen seiner dritten, kurz zuvor verstorbenen Frau taufte Francisco „Pancho" Villa seinen 50-Zimmer-Palast. Neun Jahre nahm der Revolutionsheld hier Quartier, bis er 1923 in Chihuahua getötet wurde. *Di–Sa 9–19, So 9–16 Uhr | Calle 10 Norte 3014/Méndez | ⏱ 1½ Std.*

ESSEN & TRINKEN

EL CORTIJO
Hier gibt es spanische Küche, Paella und zahlreiche vegetarische Gerichte. *Avenida Niños Héroes 508 | Tel. 01614 4 15 83 51 | elcortijo.mx | €€*

LOS MEZQUITES
Seit Jahren das beste Steakhaus der Stadt. Top sind auch die am Tisch zubereiteten *moles,* feurige, lokale Saucen. Mit stylisher Bar und Livemusik bzw. *mariachis. Avenida Cuauhtémoc 2009 | Tel. 01614 4 11 66 99 | losmezquites.com.mx | €€*

SHOPPEN

MERCADO DE ARTESANÍAS
Eine gute Mischung aus landestypischen Souvenirs und lokalen Handarbeiten.

INSIDER-TIPP
These boots are made for walking

Hier hast du die seltene Gelegenheit, absolut individuelle Cowboystiefel in bester Qualität und in allen Farben zu kaufen. Natürlich auch alles andere, was man auf einer Pferderanch so braucht. Toll sind auch die Flecht- und Perlarbeiten der Tarahumara. *Victoria 506 und Aldama 511*

RUND UM CHIHUAHUA

⁴ CUAUHTÉMOC UND MENNONITENDÖRFER

100 km von Chihuahua entfernt, 1½ Std. Autofahrt

Die etwa 45 000 in *Cuauhtémoc* und in der Umgebung auf Farmen lebenden Mennoniten unterscheiden sich mit ihren blonden Haaren, blauen Augen und der verbreiteten niederdeutschen Mundart stark von ihren mexikanischen Nachbarn. Integriert sind sie jedoch schon lange: Mit Eisenbahnzügen erreichten die damals etwa 5000 kanadischen Mennoniten 1921/22 ihr Ziel: die Hacienda Bustillos und die dazugehörigen 1000 km² Land, die sie von der mexikanischen Regierung für 2 Mio. Dollar erworben hatten.

Die kinderreichen Familien haben das trockene Grasland in propere kleine Gemeinden verwandelt, umgeben von Weizenfeldern und Apfelplantagen. Besucher werden freundlich, aber zunächst etwas reserviert begrüßt. Ein Muss ist der Besuch des *Museo y Centro Cultural Menonita (Mo–Sa 9–16.30 Uhr | Cuauhtémoc | Alvaro Obregón km 10 | ⏱ 1½ Std.)* Im kleinen angeschlossenen Laden kannst du auf Deutsch nach Wurst und Käse fragen. Dazu gibts frisches Brot, hmm! 🛒 *F4*

⁵ CASAS GRANDES

370 km von Chihuahua entfernt, knapp 7 Std. Busfahrt

In den Dörfern des Bundesstaats Chihuahua leben die Tarahumaraindianer

Casas Grandes wird heute die archäologische Stätte Paquimé („große Häuser") genannt, die 8 km von der Ortschaft Nuevo Casas Grandes entfernt in einem vegetationslosen Tal liegt. Die Siedlung der Chichimeken, um das Jahr 700 gegründet, avancierte um 1300 zur größten im nördlichen Mexiko und betrieb Handel mit dem Pueblovolk im Südwesten der heutigen USA. Eine Besonderheit war das Züchten tropischer Vögel.

Die zahlreichen, teilweise recht gut erhaltenen Ruinen der Adobegebäude wurden 1998 in den Unesco-Welterbekatalog aufgenommen und seitdem weiter restauriert. Das moderne *Museo de las Culturas del Norte (Di–So 8–17 Uhr | ⏱ 45 Min.)* zeigt Töpferwaren mit geometrischen Mustern, Kupferschmuck, Vogelfedern und Muscheln aus dem 12.–14. Jh. 📖 *F3*

BARRANCA DEL COBRE

(📖 F4–5) **Der „Grand Canyon Mexikos" ist die ⭐ Barranca del Cobre, die Kupferschlucht. Über 1500 m fallen die Felswände steil in die Tiefe.**

Ein wirklich unvergessliches Erlebnis: die 16-stündige Eisenbahnfahrt von Los Mochis am Golf von Kalifornien nach Chihuahua, durch Tropen, Berge und Wüste, durch die Klimazonen der Erde, vom subtropischen Küstenland auf Meereshöhe ins 2500 m hohe Bergland der Sierra Madre Occidental

und in die wüstenähnlichen Gebiete Nordmexikos *(Kosten im Chepe Express-Luxuszug 300 Euro, im Chepe Regional zwischen 80 und 140 Euro | Buchung Native Trails | Tel. in D 06041 96 90 00 | nativetrails.de).*

Über 39 Brücken und durch 86 Tunnel suchen sich die Wagen der Bahn ihren Weg. Sie tragen das Signet eines laufenden Tarahumaraindianers. Tatsächlich leben etwa 45 000 Rarámuri, „Läufer", wie sie sich selbst nennen, in den Schluchten des Gebirges. Die Tarahumara sind bekannt für ihre erstaunlichen Dauerlaufleistungen, die mehr als 100 km betragen können. Als Tourist kommt man mit ihnen an den Bahnsteigen in Kontakt, wo sie Webarbeiten verkaufen.

Ausgangspunkt für die abenteuerliche Fahrt ist *Los Mochis (📖 E5)*, eine 360 000 Ew. zählende Stadt an der nordmexikanischen Pazifikküste, die umgeben ist von Zuckerrohrfeldern. Da der Zug jeden Morgen um 6 oder 7 Uhr abfährt, reisen die meisten Besucher am Vorabend an.

Von Los Mochis aus geht es zunächst durch eine Ebene mit Zuckerrohr, Gemüsefeldern und subtropischem Grün. Von der Bahnstation Bahuichivo, 250 km nördlich von Los Mochis und etwa 1700 m hoch gelegen, erreicht man das entzückende, 12 km entfernte Bergbaudörfchen *Cerocahui (📖 F4–5)*. Über eine Straße, vorbei an einer Jesuitenmission aus dem 17. Jh., einem Wasserfall und verlassenen Minen, gelangt man zum Fluss Urique mit ehemaliger Goldmine und Geisterstadt. Die besten Guides, die euch in Cerocahui begleiten können, gehö-

Da kommt Cowboyfeeling auf: mit der Eisenbahn durch den wilden Westen Nordmexikos

ren zu den Tarahumara. Sie kennen außergewöhnliche Wege entlang der Steilhänge der Cañons, wo Wanderer auf Pumas, Kojoten, Bären, Füchse, Wölfe und Rehwild treffen.
An der Bahnstation von *El Divisadero* (□ F4), 300 km von Los Mochis entfernt und in 2250 m Höhe, halten alle Züge 20 Minuten, damit die Reisenden von der nahe gelegenen *Aussichtsplattform* das unvergleichliche Naturschauspiel genießen können: Drei Cañons treffen hier zusammen, 1500 m fallen die Wände steil ab. In *Ojitos* ist mit 2460 m der höchste Punkt der Reise erreicht. 20 km weiter liegt *Creel* (□ F4), mit 12 000 Ew. das Zentrum des Tarahumaralands. Die Endstation der Fahrt ist Chihuahua (□ G4).

SPORT & SPASS

PARQUE DE AVENTURA BARRANCAS DEL COBRE

Über den Kupfercanyon auf einer wackelnden Hängebrücke laufen? Oder lieber an zwölf Ziplines, *tirolesas* genannt, darunter die mit 2,5 km Länge längste Seilrutsche der Welt, über den Abgrund bis fast hinunter zum Grund des Canyons schweben? Witzig ist auch der *Flying Fox:* sieben Seilrutschen, in denen du rücklings in der Luft hängend über die Canyons fliegst. Ganz entspannt hingegen ist die Fahrt mit dem *Teleférico,* der roten 60-Personen-Seilbahn. Alle diese potenziellen Highlights einer Mexiko-Bucket-List kannst du in diesem Adventure-Park bei El Divisadero abhaken. *Tgl. 9–16.30 Uhr | parquebarrancas.com*

DER SÜDEN

INDIANISCHE DÖRFER, KOLONIALE ORTE

Im Süden Mexikos begegnest du indianischer Tradition und Folklore. In den Tälern und an den Berghängen Oaxacas ebenso wie in Chiapas, dem bis an die guatemaltekische Grenze reichenden Bundesstaat, leben Zigtausende von Tzeltal- und Tzotzilindianern. Sie sind Nachkommen der Maya, die jeweils ihre eigene Sprache sprechen, ihre eigenen Trachten tragen.

Der Río Usumacinta verläuft durch tropischen Regenwald und durch das Land der Lakandonen, die zurückgezogen leben und sich noch der alten

Donnerstag ist Markttag in Zaachila

Anbaumethoden ihrer Vorfahren bedienen. Der Alltag hier folgt den Traditionen. Doch Chiapas und Oaxaca brauchen die Devisen der Urlauber, darum wird das touristische Angebot auch in kleinen Dörfern vorangetrieben, werden Naturschutzgebiete ausgebaut, entstehen Gästehäuser im Adobestil, der Bauweise mit Lehmziegeln. Vor Tausenden von Jahren gründeten die Maya in Chiapas ihre Ritualzentren. Hunderte Mayastätten liegen noch verborgen unter wucherndem Dschungel. Kunsthistorisch gehört die Region deshalb zu den Schatzkammern des Landes.

DER SÜDEN

Veracruz

Alvarado

Ángel R. Cabada

Bahía de Campeche

Tierra Blanca

Cosamaloapan

Catemaco

Coatzacoalcos

Túxtepec

Isla

Minatitlán

Texistepec

Poblado 10 (La Chinantla)

San Miguel del Río

MÉXICO

Matías Romero Avendaño

Monte Albán ★
Museo de las Culturas de Oaxaca ★
Museo Rufino Tamayo ★

Oaxaca S. 112

1

🚆 *43 km, 1 Std.*

2
Zaachila

3
4
Yagul Mitla

5
Hierve el Agua

Ocotlán de Morelos

810 km, 14 Std. 🚆

Santo Domingo Zanatepec

Santo Domingo Tehuantepec

Juchitán

Miahuatlán

Salina Cruz

Chahuites

Golfo de Tehuantepec

San Pedro Pochutla

PACIFIC OCEAN

50 km
31.08 mi

MARCO POLO HIGHLIGHTS

★ **MUSEO RUFINO TAMAYO IN OAXACA**
Dank der Sammelleidenschaft des Künstlers sind viele Stücke aus präkolumbischer Zeit zu sehen ➤ S. 112

★ **MUSEO DE LAS CULTURAS DE OAXACA**
In Grab Nr. 7 von Monte Albán schlummerten einst Schätze aus Jade und Gold – hier kannst du alles bewundern ➤ S. 112

★ **MONTE ALBÁN**
Über den Wolken liegt der Bauplatz der Götter ➤ S. 115

★ **SAN JUAN CHAMULA**
Kiefernnadeln auf dem Kirchenfußboden und Geisteraustreibung mit Cola: In diesem Dorf leben Chamulaindianer ganz nach ihren Traditionen ➤ S. 120

Sabancuy

Isla Aguada

✈ **Ciudad del Carmen** MEX 186

San Antonio Cárdenas

Frontera

Paraíso

Candelaria

Jonuta

El Triunfo

Villahermosa MEX 186

Cárdenas MEX 180

Catazajá

Balancán

Estación Chontalpa MEX 195

Palenque S. 122

📍 Ruinas de Palenque ⭐

Pichucalco

Saudales Malpaso

MEX D

Solistahuacán

10 Wasserfälle von Agua Azul ⭐

MEX 307

Usumacinta

Nezahualcóyotl

Cañón del Sumidero

8 San Juan Chamula ⭐

Ocosingo

Yaxchilán 11

Tuxtla Gutiérrez

Zinacantán 6 9 Tenejapa

215 km, 5 Std.

Nueva Palestina

60 km, 1½ Std.

8 **Chiapa de Corzo**

🚌 **San Cristóbal de las Casas** S. 117

Grijalva

12 **Bonampak**

MEX 80

Quintana Roo

Julián Grajales

Las Rosas MEX 195

Plan de Alaya

San Quintín

La Concordia

Comitán MEX 307

Revolución Mexicana

Presa La Angostura

Pablo L. Sidar

Paso Hondo

Santa Cruz Barillas

Pijijiapan

Motozintla de Mendoza

G U A T E M A L A

Chajul

Mapastepec MEX 200

Huehuetenango

Tapachula

Coatepeque

Quetzaltenango

Ocós

Retalhuleu

Patulul

Nueva Concepción

⭐ **RUINAS DE PALENQUE**
Umgeben von dampfendem Regenwald stehen Mayapyramiden von bewegender Schönheit ➤ S. 123

⭐ **WASSERFÄLLE VON AGUA AZUL**
Hellblau schimmernde Wasserkaskaden stürzen sich auf 7 km Länge die Felsstufen hinab ➤ S. 124

OAXACA

(□ M11) Viele Besucher kommen nach Oaxaca (350 000 Ew.), um von hier aus die eindrucksvolle Pyramidenanlage Monte Albán zu besichtigen, die nahe der Stadt liegt.

Oaxaca selbst, die Hauptstadt des gleichnamigen Bundesstaats, punktet mit beschaulicher Atmosphäre, indianischer Kultur und prächtigen Palästen. Architektur und Stadtplanung erinnern mit ihren einstöckigen Patiohäusern und den schnurgerade verlaufenden Straßen an die Kolonialzeit. Die aus den Dörfern des Umlands anreisenden Zapoteken und Mixteken zeigen die Bedeutung Oaxacas als Marktzentrum der Region. Jeden Abend versammeln sich die Besucher in den Restaurants und Cafés, die rund um den Zócalo liegen.

SIGHTSEEING

PLAZA PRINCIPAL

Im Herzen der Stadt liegt der verkehrsberuhigte Zócalo umgeben von Cafés und Arkadenrestaurants. Auf der Rundbühne werden jeden Tag Konzerte gespielt. Den *Palacio de Gobierno* schmückt ein Wandgemälde des berühmten mexikanischen Künstlers Arturo García Bustos zur Geschichte Oaxacas. Die *Kathedrale* aus grünem Serpentin beherbergt u. a. einen Altar aus griechischem Marmor.

MUSEO RUFINO TAMAYO ⭐

Der große mexikanische Maler der Moderne war ein Liebhaber und Sammler präkolumbischer Kunst. Einen Großteil seiner Schätze übergab er dem Staat Oaxaca. In fünf Sälen des ehemaligen Inquisitionshauses befinden sich heute die von Tamayo nach ästhetischen Gesichtspunkten zusammengestellten Objekte. *Mo und Mi–Sa 10–14 und 16–19, So 10–15 Uhr | Avenida Morelos 503 | rufinotamayo.galeon.com | ⏱ 1½ Std.*

ANDADOR MACEDONIO ALCALÁ

Prächtige koloniale Paläste flankieren die autofreie Kopfsteinpflasterstraße. Leicht übersieht man vor lauter Passanten, Straßenhändlern und -künstlern die hier ansässigen hervorragenden Kunstgalerien, ausgefallenen Boutiquen und tollen Cafés. Der Andador ist der beste Ort, um nach Sonnenuntergang sicher und entspannt zu flanieren – in dieser Region keine Selbstverständlichkeit! *Zwischen Zócalo und Santo-Domingo-Kirche*

INSIDER-TIPP **Nachtschwärmer willkommen**

SANTO-DOMINGO-KIRCHE

Die Barockkirche wurde ab 1575 errichtet. Ihre Fassade, die von zwei mächtigen Türmen flankiert wird, zeigt Heilige des Dominikanerordens. Erst im Kircheninneren wird die barocke Pracht richtig sichtbar. *Tgl. 7–13 und 16–20 Uhr | Alcalá/Gurrión*

MUSEO DE LAS CULTURAS DE OAXACA ⭐ ☂

Ein unbedingtes Muss: Im stilvollen Rahmen eines ehemaligen Dominikanerklosters sind archäologische Fundstücke und eine ethnografische Sammlung untergebracht, die einen authentischen Eindruck vom Leben der vergangenen und gegenwärtigen Indiovölker vermitteln. Der eigentliche Schatz des Museums sind die im Grab 7 in Monte Albán entdeckten mixtekischen Grabbeigaben aus Jade und Gold. *Di–So 10–18.15 Uhr | neben der Santo-Domingo-Kirche | ⏱ 2 Std.*

CASA BENITO JUÁREZ

Der in einem Dorf bei Oaxaca geborene, 1858 zum mexikanischen Präsidenten gewählte Benito Juárez verbrachte in diesem Haus einige Jugendjahre bei einer wohlhabenden Familie. Das Museum vermittelt einen interessanten Einblick in den Lebensstil des 19. Jhs. *Di–So 10–19 Uhr | García Vigil 609/Carranza | ⏱ 1 Std.*

ESSEN & TRINKEN

Spezialität von Oaxaca sind Cafés, in denen es Vollwertkuchen und Patisserien gibt, Biobrot und Kaffee mit frisch gerösteten Oaxacabohnen.

EL PORTAL DE LA SOLEDAD

Das Restaurant lockt mit einer fantastischen Lage über dem Zócalo. Teilweise hat man eine schöne Aussicht auf den Platz. Serviert wird kreative regionale Küche. *Portal Benito Juárez 116 | Tel. 01951 5 16 47 47 | €€€*

LOS DANZANTES

Eines der besten Restaurants der Stadt. Serviert werden traditionelle und neu interpretierte lokale Gerichte. Probier z. B. *chilorio de pato,* in Chilisauce gedünstetes Schweinefleisch auf Tacos, und als Starter eine Tamarindenmargarita. *Macedonio Alcalá 403 |*

Bunte Patiohäuser machen das Straßenbild von Oaxaca aus

Tel. 0951 5 01 11 87 | losdanzantes. com | €€

LA OLLA

Seit mehr als zwei Jahrzehnten beliebt: Mittags locken günstige mehrgängige Menüs, es gibt tolle Drinks und Cocktails ebenso wie diverse Kaffeespezialitäten. *Reforma 402 | Tel. 01951 5 16 66 68 | laolla.com.mx | €*

SHOPPEN

MERCADO DE BENITO JUÁREZ

Von Mezcal zu Heilkräutern, Webarbeiten und Tüchern der *indígenas,* Ledertaschen und Trachten: An den unzähligen Ständen des großen, überdachten Markts kann man verloren gehen. Mach unbedingt eine Pause an einem

der vielen Essstände. Die *chapulines* sind für Einheimische der Renner. Wer sich nicht rantraut, bestellt nur mit Gemüse. *Flores Magón/Colón*

INSIDER-TIPP Frittierte Heuschrecken im Taco

LA CASA DE LAS ARTESANÍAS
Aus einer Initiative, die Oaxacas einzigartiges Kunsthandwerk schützen will, hervorgegangen: eine überwältigende Auswahl hochwertiger Objekte, präsentiert in einem farbenfroh gestalteten Altstadtpalast. *Mariano Matamoros | casadelasartesanias.mx*

GALERÍA QUETZALLI
Die Kunstgalerie wurde von Francisco Toledo initiiert, Mexikos wohl berühmtestem zeitgenössischem Maler. Auch seine Bilder kannst du in diesem Patiohaus sehen – und natürlich kaufen. *Constitución 104 | galeria quetzalli.wordpress.com*

SPORT & SPASS

HÍPICO LA GOLONDRINA
Die meisten Reitställe Mexikos wenden sich nur an Erwachsene. La Golondrina, ca. 10 km nördlich von Oaxaca gelegen, ist dagegen ein Stall mit speziellen Kinderprogrammen. Das Angebot reicht von Dressur- und Springreiten bis zu Ausritten durch Flusstäler und Bergwälder mit Ponys oder kleineren Pferden. *San Jacinto Amilpas | Bordo del Río Atoyac 800 | Tel. 01951 5 12 75 70*

AUSGEHEN & FEIERN

CANDELA
Hier wird leidenschaftlich getanzt oder mit Kennermiene zugeschaut:

Monte Albán: In luftiger Höhe errichteten die Olmeken ihre Pyramidentempel

Man ist stolz auf einige der besten lateinamerikanischen Bands, die man von weit herkommen lässt, ob Salsa, Merengue oder Latin Pop. *Francisco Murguía 413*

LA NUEVA BABEL
Die kleine Bar gehört zur Alternativszene. Im Patio finden häufiger Lesungen statt, außerdem sind Trovagesang, Jazz und experimentelle Musik zu hören. *Porfirio Díaz 224/ Matamoros | lanuevababeloaxaca. blogspot.com*

MEZCALOGIA
Die kleine, äußerlich unscheinbare Bar ist das Mekka für Mezcalfans und der richtige Ort, um einmal neue, gewagte Cocktails zu probieren. Auch ein tolles Craftbier wird ausgeschenkt. *Manuel García Vigil 509*

RUND UM OAXACA

1 MONTE ALBÁN ★
10 km von Oaxaca entfernt, 20 Min. Busfahrt

Vor den Toren der Stadt und in atemberaubender Berglage thront eine der schönsten Pyramidenanlagen Mexikos, als Kultzentrum von Zapoteken erbaut. In etwa 2000 m Höhe wurde von Olmeken, den ersten Siedlern des Tals, die Kuppe des Monte Albán, des „Weißen Bergs", abgetragen. Auf der so entstandenen 200 × 300 m großen Fläche bauten sie Tempel und Paläste.

Archäologen gliedern die geschichtliche Entwicklung Monte Albáns in fünf Phasen, die die Zeit von etwa 800 v. Chr. bis 1521 umfassen. Höhepunkt war Monte Albán III (0–900): Zapoteken überbauten alte und errichteten neue prächtige Bauwerke; der Platz nahm seine heutige Form an. In der Folgezeit wandelten die Mixteken die Anlage in einen Bestattungsplatz um.

Zu den interessantesten Bauwerken zählt das nördlich der Südplattform liegende *Observatorium* (ca. 100 n. Chr.); wahrscheinlich diente der Tempel mit seinem zugespitzten Grundriss zur Beobachtung des Himmels; ein Tunnel führt quer hindurch. Noch aus Monte Albán I stammt das *Gebäude der Tänzer (Edificio de los Danzantes)* an der südlichen Westseite, in dessen Innerem sich Reliefplatten mit olmekisch aussehenden Menschenfiguren befinden. *Tgl. 8–17 Uhr | ⏱ 3 Std. | ▥ M11*

Naturpools mit atemberaubender Aussicht erwarten euch in Hierve el Agua

2 ZAACHILA

17 km von Oaxaca entfernt,
20 Min. Busfahrt

Die stark indianisch geprägte Kleinstadt (30 000 Ew.) südwestlich von Oaxaca mit kolonialem Zentrum – vermutlich die letzte Hauptstadt der Zapoteken vor der spanischen Invasion – veranstaltet jeden Donnerstag einen großen Markt. Neben Obst und Gemüse gehören Blumen und Töpferwaren zum Angebot. Auch Vieh und Kleintiere werden gehandelt. Tolle Fotomotive (vorher fragen!) gibts in Hülle und Fülle. Probier unbedingt den in Kokosnussschalen verkauften *pulque* – dieser vergorene Agavensaft erfährt derzeit ein Comeback.

INSIDER-TIPP
Lust auf ein Schälchen Aztekenbier?

In der *Zona Arqueológica (tgl. 10–17 Uhr)* gibt es zwei von den Zapoteken angelegte und später von den Mixteken übernommene Grabstätten; die an Grab I angebrachten Stuckreliefs sind besonders gut erhalten. 🗺 M11

3 YAGUL

15 km von Oaxaca entfernt,
20 Min. Autofahrt

Ein Ausflug nach Mitla lässt sich gut mit einem Besuch der archäologischen Stätte Yagul verbinden, der alten Kultstätte der Zapoteken und Mixteken. Ausgrabungsfunde sprechen dafür, dass es hier bereits um 600 v. Chr. eine Siedlung gab. Die erhaltenen Bauwerke stammen aber aus einer wesentlich späteren Epoche (900–1200 n. Chr.), aus der Übergangsphase von der zapotekischen zur mixtekischen Macht.

Die kleinere Anlage wird von *La Fortaleza* beherrscht, einer weithin sichtbaren Hügelfestung. Südlich davon gruppieren sich die Paläste und Wohnviertel der einstigen Bewohner. Zwischen Kakteen und Agaven erstrecken sich die Bauwerke über zahllose Treppen. Beeindruckend ist der Grundriss des *Palacio de los Seis Patios* (Palast der sechs Innenhöfe): Die rechteckige, 60 × 80 m umfassende Anlage zeugt von der Kunst der alten Baumeister. *Tgl. 9–17 Uhr | ⏱ 2 Std. | ⌸ M11*

4 MITLA

43 km von Oaxaca entfernt,
45 Min. Autofahrt

Besucher aus aller Welt sind hingerissen von der geometrischen Gestaltung der zapotekischen Kultstätte des alten Mitla (12 000 Ew.), dem „Ort der Toten". Nachdem sie aus Monte Alban vertrieben worden waren, gründeten die Zapoteken ab 1000 n. Chr. hier ein neues Herrschaftszentrum für ihre Könige und Hohen Priester, gleichzeitig auch eine Totenstadt.

Im Palast der Säulen *(Palacio de las Columnas)* tragen die Wände der Patios und Räume einen Mosaik- und Fassadenschmuck, der durch Licht und Schatten seine ganze Schönheit offenbart. Annähernd 100 000 Ziegel haben die damaligen Künstler mosaikartig behauen und über ein Dutzend unterschiedliche Rauten- und Mäandermuster geschaffen. Selbst in den leider geplünderten kreuzförmigen Königsgräbern schmückte man die Wände auf diese Art. *Tgl. 8–17 Uhr | ⏱ 2 Std. | ⌸ M11*

5 HIERVE EL AGUA 🐾

75 km von Oaxaca entfernt,
1½ Std. Autofahrt über die MEX 190,
dann MEX 179

Zum Naturpark „Blubberndes Wasser" gehören zwei von Quellwasser gespeiste Pools zum Schwimmen, ein Paradies auch für Kinder. Zu sehen gibt es zwei große „versteinerte Wasserfälle", entstanden aus kalziumhaltigen Stalaktiten. Die Umgebung könnt ihr auf angelegten Trails erkunden. Ein Restaurant und rustikale Bungalows zum Schlafen stehen ebenfalls zur Verfügung. *⌸ M11*

SAN CRISTÓBAL DE LAS CASAS

(⌸ P11) **Die „Indianerhauptstadt" (120 000 Ew.) des Landes besticht mit ihrer einmaligen kolonialen und gleichzeitig indigenen Atmosphäre. Sie ist Treffpunkt künstlerisch interessierter wie politisch engagierter Backpacker aus aller Welt.**

Dazu gesellen sich zahlreiche Reisegruppen, denn San Cristóbal ist Anlaufstation in vielen Rundreiseprogrammen. Trotz des florierenden Besucherstroms hat die Stadt fast nichts von ihrem ursprünglichen Flair eingebüßt, überall ist die indianische Bevölkerung in ihren farbenprächtigen Trachten präsent. Es herrscht mildes, frühlingshaftes Klima mit herrlichem, klarem Hochland-Licht und kühlen Nächten. Die Kopfsteinpflastergassen sind geprägt von weiß gekalkten, einstöckigen Häusern mit roten Tonziegeln und wuchtigen Holztüren, dazwischen stehen koloniale Herrenhäuser und barocke Kirchen.

Das nicht weit von der guatemaltekischen Grenze in einem Hochlandtal umgeben von Pinienwäldern versteckte San Cristóbal mag zwar für einige wie am Ende der Welt liegen, doch die meisten bleiben länger als geplant.

SIGHTSEEING

PLAZA 31 DE MARZO

Um den Zócalo der Stadt gruppieren sich einige schöne koloniale Gebäude, das Rathaus *(Palacio Municipal)* sowie die *Kathedrale*. Die *Casa de Mazariegos (Ecke Avenida Insurgentes)* aus dem 16. Jh., das Haus des Stadtgründers Diego de Mazariegos, beherbergt heute ein Hotel. Die ebenfalls aus dem 16. Jh. stammende *Catedral Nuestra Señora de la Asunción* besitzt einige wertvolle Barockaltäre, reiche Holzschnitzarbeiten sowie Gemälde von Juan Correa und Miguel Cabrera.

SANTO-DOMINGO-KIRCHE

Die kunsthistorisch bedeutsamste Kirche der Stadt aus der Mitte des 16. Jhs. beeindruckt schon von außen durch ihre kompakte, wuchtige Fassade im mexikanischen Barock mit einem Habsburger Doppeladler. Im Inneren sind vergoldete Altäre zu sehen. *General Utrilla*

MUSEO NA BOLOM

Die Schweizerin Gertrude Duby-Blom, Witwe des legendären Mayaforschers Frans Blom, leitete bis zu ihrem Tod 1993 das bemerkenswerte *Haus des Jaguars,* ein ethnologisches und archäologisches Museum, das der indianischen Kultur von Chiapas gewidmet ist. Darüber hinaus war Trudy, wie sie von ihren Freunden genannt wurde, international bekannt als einfühlsame Porträtistin der Lakandonen. Die Organisation, die das Museum betreibt, wird durch Spenden finanziert und engagiert sich mit Naturschutz- sowie sozialen Projekten besonders zur Unterstützung der Lakandonen. *Mo–Fr 9–19 Uhr | Guerrero 33/Calzada Frans Blom | nabolom.org | ⏱ 1½ Std.*

MUSEO DE LA MEDICINA MAYA

Dieses einzigartige Museum, das von einer Organisation geführt wird, der über 500 indigene Heiler und Kräuterkundler angehören, gibt eine tolle Einführung in die Arten und Wirkungsweisen der indigenen Heilkräuter und -pflanzen – auch in englischer Sprache. Es verfügt außerdem über eine Kräuterapotheke und ein Behandlungszimmer,

INSIDER-TIPP
Anti-Aging à la Mexiko

die sogenante *casa de curación.* Die wirkungsvollen Gesichtscremes, die man hier günstig kaufen kann, enthalten nicht nur Aloe vera, sondern auch viele weitere, bei uns unbekannte pflanzliche Inhaltsstoffe. *Mo–Fr 9–18, Sa/So 10–17 Uhr | Avenida Salomón González Blanco 10 (nördl. der General Utrilla jenseits des Markts links) | ⏱ 1½ Std.*

ESSEN & TRINKEN

EL CALDERO

Köstliche Suppen *(caldos)* machen hier so richtig Appetit! Probier auf jeden Fall die Klassiker *chilango* (mit Huhn, frittierten Tortillastreifen und Koriander) und *tlalpeño* (mit Huhn, Bohnen, Kartoffeln und Gemüse). *Insurgentes 5 | Tel. 01967 1 16 01 21 | €*

EL FOGÓN DE JOVEL

Chipilín (eine passierte, leuchtend grüne Gemüsesuppe), *tasajo* (dünne, marinierte Rindfleischstreifen) und leckere *quesadillas:* Seit mehr als zwei Jahrzehnten werden in dem geschützten Innenhof eines Kolonialhauses unmittelbar beim Zócalo regionale Spezialitäten aus Chiapas aufgetischt, liebevoll serviert im Tongeschirr der Region. Dazu ist oft Live-Marimbamusik zu erleben. *Avenida 16 de Septiembre 11/5 de Febrero | Tel. 01967 6 78 11 53 | fogondejovel.com | €€–€€€*

TIERRA DENTRO CAFÉ

Ein Lieblingsort vieler Reisender: In dem großen Patio mit Galerie und Shops gibt es häufig Livemusik und für wenig Geld bekommt man tolle lokale und internationale Gerichte. *Real de Guadalupe 24 | Tel. 01967 6 74 67 66 | €€*

CASA DEL PAN

Das Restaurant gehört zu einem Kulturzentrum. In alternativem, esoterisch angehauchtem Ambiente werden nur frisch zubereitete vegetarische Speisen sowie selbst gebackenes Brot aufgetischt. *Real de Guadalupe 55 | Tel. 01967 6 78 72 15 | casadelpan.com | €*

SHOPPEN

Vor allem rund um die Santo-Domingo-Kirche bieten indianische Händler handgewebte Textilien und Souvenirs zum Verkauf an.

J'PAS JOLOVILETIC

„Jene, die weben" nennt sich diese Kooperative indianischer Frauen, die aus traditionell mit Pflanzenextrakten gefärbter Wolle und Baumwolle hoch-

Eine barocke Wucht: die Santo-Domingo-Kirche

wertige Textilien herstellen. *Avenida General Utrilla 43*

AUSGEHEN & FEIERN

POSHERIA

Das legendäre, von den Tzotzilindianern einst in religiösen Zeremonien benutzte, aus Mais, Zuckerrohr und Heilkräutern gebrannte *pox* wird in dieser schön gestalteten Bar ausgeschenkt und verkauft. Genieß es pur oder auf Eis mit 39 Prozent Alkohol (weißes Etikett). Die Longdrinks mit *pox* in der Variante mit 53 Prozent (schwarzes Etikett) sind der Hammer für alle, die es süß mögen. Besonders lecker schmecken die mit Schoko- und Kokosgeschmack. *Real de Guadalupe 46*

RUND UM SAN CRISTÓBAL DE LAS CASAS

In der näheren Umgebung von San Cristóbal liegen einige ausschließlich von Indianern bewohnte Dörfer. Touristen gegenüber verhalten sich die Bewohner meist gleichgültig, teilweise jedoch auch ablehnend bis feindlich. Deshalb gilt: Sei äußerst zurückhaltend mit dem Fotografieren und hol vorher stets das Einverständnis der betreffenden Person ein! Absolutes Fotografierverbot besteht in den Kirchen.

6 SAN JUAN CHAMULA ⭐

10 km von San Cristóbal de las Casas entfernt, 10 Min. Taxifahrt

Das meistbesuchte Dorf in Chiapas ist das nordwestlich gelegene San Juan Chamula, das religiöse Zentrum der in den umliegenden Bergen wohnenden Chamula. Beim Betreten der am Zócalo gelegenen Kirche (zuvor musst du im Palacio Municipal an der *plaza* eine Gebühr entrichten) folgt meist ein Chamula, um auf die Einhaltung des Fotografierverbots zu achten. Bunt gewebte Tücher hängen von den Wänden, der Boden ist über und über mit Kiefernnadeln bedeckt, ganze Familien hocken auf dem Fußboden, trinken Coca-Cola, entzünden Kerzen, singen, beten und unterhalten sich angeregt. 📖 *P11*

7 ZINACANTÁN

15 km von San Cristóbal de las Casas entfernt, 20 Min. Busfahrt

Wohnort der Tzotzilindianer ist das nordwestlich von San Cristóbal gelegene Dorf (Fotografierverbot!), zu dem zahlreiche Busse pendeln. Webarbeiten gibt es viele, doch die Blumendesigns von Zinacantán sind etwas ganz Besonderes. Schau deshalb unbedingt in die kleinen Webstuben der Frauenkooperativen. Bummele durch die ländlichen Gassen der Siedlung und besuch die *Kirche* am Ende der Straße. Ihr Inneres zeigt in besonders auffälliger Weise die Vermischung

INSIDER-TIPP
Durch die Blume gesag

In vielen Dörfern von Chiapas findest du farbenprächtige gewebte Textilien

von indianischem Glauben und katholischer Missionierung. 📖 P11

8 CHIAPA DE CORZO/ CAÑÓN DEL SUMIDERO

60 km von San Cristóbal de las Casas entfernt, 1½ Std. Autofahrt

Westlich von San Cristóbal, über eine aufregende Serpentinenstrecke zu erreichen, liegt Chiapa de Corzo an den Ufern des Río Grijalva. Das charmante Kolonialstädtchen hat eine lebhafte *plaza* und einige tolle alte Gebäude, darunter das *Santo-Domingo-Kloster.* Im Ort kann man die schönsten Lackarbeiten des Landes kaufen. Das *Museo de la Laca (Di–So 10–17 Uhr | ⏱ 30 Min.)* am Zócalo dokumentiert deren fantastische Vielfalt.

Chiapa de Corzo ist auch Ausgangspunkt für eine mehrstündige Tour auf dem Río Grijalva in den *Cañón del Sumidero. Lanchas* genannte Schnellboote starten in rascher Folge, sobald genügend Passagiere zusammengekommen sind. Ein Erlebnis, das es in sich hat: Senkrecht ziehen sich die Felswände der Schlucht in die Höhe, an manchen Stellen bis zu 1000 m hoch. Man fühlt sich ganz klein und unbedeutend angesichts dieser dramatischen Umgebung. Schwarzkopfgeier hocken auf Baumstämmen, ein betagtes Krokodil watet schwerfällig vom Ufer ins Wasser. Der Bootsführer zeigt auf weitere Vögel und auf Stromschnellen. Mit der untergehenden Sonne geht es wieder zurück.

INSIDER-TIPP
Mexikosounds am Wasser

Am Anleger locken mehrere nette Restaurants mit Flussblick und Marimbamusik. 📖 O11

Aus dem 7. Jh. stammt die riesige Zeremonialstätte der Maya in Palenque

🔟 TENEJAPA

30 km von San Cristóbal de las Casas entfernt, 45 Min. Taxifahrt

Die von Bergen umgebene Siedlung der Tzeltalindianer ist bekannt für ihre einzigartigen traditionellen Webarbeiten, die mit Pflanzenfarben gefärbt sind. Die von einer Frauenkooperative gefertigten Gürtel und Decken werden während der ganzen Woche angeboten, noch größer ist die Auswahl am Sonntag, dem Markttag. 📖 *P11*

PALENQUE

(📖 P11) **Besonders eindrucksvoll an diesen Mayapyramiden, die zu den berühmtesten ganz Mexikos gehören, ist ihre Lage in etwa 200 m Höhe in dichtem Dschungel zu Füßen des Usumacintagebirges am Ufer des Flusses Otulum – weit entfernt von den typischen Rundreiserouten der Veranstalter.**

Vom Rand des tropischen Regenwalds, der die Pyramiden, Tempel und Paläste umschließt, schaust du über die fast endlos erscheinende Ebene zum Golf von Mexiko in Richtung der 150 km entfernten Großstadt Villahermosa. Neben dieser landschaftlich herausragenden Lage sind es die teilweise hervorragend erhaltenen Dekorationen der Bauwerke, die jeden begeistern.

Die archäologische Stätte liegt etwa 8 km von der wenig attraktiven Stadt Palenque entfernt, deren 80 000 Ew. ganz auf den Tourismus eingestellt sind. Ein Fußweg führt von der Stadt zur Ausgrabungsstätte, die alte Flugpiste wurde zum Regionalflughafen ausgebaut. Über eine neue Straße nach Bonampak und Yaxchilán sind diese Orte jetzt gut zu erreichen.

SIGHTSEEING

RUINAS DE PALENQUE ⭐

Unesco-Welterbestätte mit uralten Mayapyramiden, die mitten im Regenwald liegen. Hier kannst du früh am Morgen Papageien und Tukane sehen, hörst die Brüllaffen schreien. Dein Rundgang durch die Tempelanlage sollte ohnehin möglichst früh beginnen, weil es in Palenque mittags sehr schwül wird. Regenjacke und Insektenschutzmittel gehören im Sommer zur Besichtigung dazu.

Die heutige Gestalt der Anlage geht auf das 7. Jh. zurück. Um 642 begannen die Maya mit dem Aufbau der riesigen Zeremonialstätte, 300 Jahre später verließen sie den Stadtstaat, ohne dass man Hinweise auf die Gründe fand.

Zu dem einzigartigen *Tempel der Inschriften (Templo de las Inscripciones)*, einer 21 m hohen Stufenpyramide, führt eine steile Treppenanlage über acht Plattformen. Fünf Eingänge zieren den Tempel, an dessen mittlerer Wand 617 Hieroglyphen prangen. Diese gaben dem eindrucksvollen Gebäude seinen Namen. Ein 1949 entdeckter Schacht führte den mexikanischen Archäologen Alberto Ruz Lhuillier durch das Innere der Pyramide zu einer unter der Erdoberfläche gelegenen *Krypta (Zutritt nur noch mit Ausnahmegenehmigung)*. In einem steinernen Sarkophag lag der Priesterherrscher Pacal (615–683 n. Chr.) begraben.

Ein wundervoller Blick ergibt sich vom Eingangsbereich des Tempels auf den gegenüberliegenden Großen Palast *(El Palacio)*. Dieser ist der größte Gebäudekomplex der Anlage. Auf einer über 100 m langen Plattform gruppieren sich zahlreiche Bauten um vier Innenhöfe. Ein über 15 m hoher Turm *(Observatorium)* kann von Schwindelfreien erklommen werden. Im gesamten Palastbereich, der auch Wohn- und Baderäume umfasst, sind Reste von Stuckdekorationen und farbigen Bemalungen zu erkennen. Hinter dem Palast stößt du auf den unterirdischen Aquädukt der Maya, mit dem der Otulum kanalisiert wurde.

Jenseits des Flusses liegen auf Hügeln drei zauberhafte Bauten. Der Tempel der Sonne *(Templo del Sol)* verfügt über einen sehr gut erhaltenen Dachkamm *(crestería)*. Seinen Namen erhielt das 692 errichtete Gebäude von einem Sonnenrelief, das die Rückwand des Tempels ziert.

Wenn du ans andere Ufer des Flusses zurückkehrst, findest du auf dem weiteren Weg durch die Zeremonialstätte die Nordtempel, fünf Gebäude in einer Reihe. Davor liegt ein spektakulärer Bau, der Tempel des Grafen *(Templo del Conde)*, benannt nach dem österreichischen Mayaforscher Graf Friedrich von Waldeck, der mehrere Jahre mit seiner Gefährtin auf dem Dach des gut erhaltenen Bauwerks campierte. Seit man 1994 unter dem Tempel XIII (westlich neben der Pyramide der Inschriften) einen weiteren Sarkophag aus dem Jahr 700 mit dem Skelett einer Person mit einer Jademosaikmaske und Edelsteinschmuck entdeckte *(La Reina Roja)*, werden die Ausgrabungen verstärkt fortgesetzt. *Tgl. 8–17 Uhr | ⏱ 4 Std.*

ESSEN & TRINKEN

BAJLUM

Prähispanisches Fusion-Food? Wer kein Mayafondue (mit Wildschwein und Reh) mag, wählt eines der Gemüsegerichte, z. B. mit Baumpilzen, Mais und Tomaten. Zuvor genießt man einen toll zubereiteten Cocktail, das knusprig-warme Fladenbrot als Appetizer und die edel gestylte tropische Location. *Carretera Ruinas km 2,8 | Tel. 01916 1 07 85 18 | €€*

ITALIAN COFFEE COMPANY

Klimagekühlte Oase, in der es nach frisch gemahlenem Kaffee duftet und wo der Cappuccino in kleinen Porzellantassen mit steifer Milchschaumhaube serviert wird. Dazu gibts ofenwarme Brioches. Die üppigen Sundae-Eisbecher hier sind um Längen besser als die Versionen bekannter Fast-Food-Ketten. *Jiménez 12 | Tel. 01916 3 45 28 12 | €*

INSIDER-TIPP
Eis-Zeit ist die beste Zeit

RUND UM PALENQUE

10 WASSERFÄLLE VON AGUA AZUL ⭐

60 km von Palenque entfernt, 1 Std. Busfahrt

Anhalten ist hier Pflicht: Auf dem Weg Richtung San Cristóbal de las Casas führt eine 4 km lange Abzweigung zum wohl schönsten Wasserfall des Landes, genauer gesagt zu unzähligen Wasserfällen, die während der Regenzeit über eine Strecke von 7 km hellblau durch das dichte Grün sprudeln. Die Vegetation ist üppig, die Wege matschig. Du läufst an den zahlreichen Kaskaden entlang über einfache Brücken und Steinplatten. Hier solltest du Badesachen tragen und ein Handtuch dabeihaben, denn im Wasser kannst du kurz untertauchen. Wanderer finden unterwegs immer wieder malerische Plätze für ein Picknick. Auch einfache Restaurants und Erfrischungsstände gibt es. 🔲 *P11*

11 YAXCHILÁN

3 Std. Autofahrt ins 170 km von Palenque entfernte Frontera Corozal, dann 1 Std. im Langboot

Die Stätte gilt neben Palenque als bedeutendste im Süden Mexikos. Umgeben von Regenwald, gruppieren sich rund 100 Bauwerke um das Ufer des Usumacintastroms. Das Zentrum der Mayaanlage (500–900 n. Chr.) ist ein Platz mit lang gezogenen, rechteckigen Gebäuden sowie einem Ballspielplatz. Die detailgetreu erhaltenen Friese und Skulpturen auf den Gebäuden brachten den Mayaforschern neue Erkenntnisse. Auf einer Skulptur zieht sich eine kniende Frau eine mit Dornen besetzte Kette durch die Zunge – eine offenbar übliche Form des Opfers durch Kasteiung. Reliefartig abgebildet wurden die Fürsten von Yaxchilán, ganz dem damaligen Schönheitsideal entsprechend: mit extrem abgeflachter Stirn und gebogener Nase.

Über eine Straße gelangst du nach Frontera Corozal am Río Usumacinta,

Die Wasserfälle von Agua Azul machen mit ihrem Blau ihrem Namen alle Ehre

von wo Boote dich in einer Stunde nach Yaxchilán bringen. Am schönsten ist ein Besuch in den frühen Morgen- oder Abendstunden, um die einmalige Geräuschkulisse des Urwalds wahrzunehmen. ▢ Q11

12 BONAMPAK

160 km von Palenque entfernt, 2½ Std. Autofahrt

Tropenforscher-Atmosphäre pur: Im Grenzgebiet zu Guatemala, mitten im Regenwald von Chiapas, liegt Bonampak, eine selten besuchte Mayakultstätte. Der Name bedeutet „bemalte Wände" und die Stätte gilt als einzigartiges Dokument der Monumentalmalkunst der Maya. Das Zentrum der Anlage bildet eine Akropolis aus elf kleineren Tempeln. Im *Templo de las Pinturas* (Tempel der Malereien) wur-

den die Wände und Decken der drei gewölbten Säle mit bunten Fresken geschmückt. Zu sehen sind Szenen aus der Zeit von Chaan Muan, der laut Mayakalender um 776 den Thron bestieg. Die Fresken von Bonampak veranlassten die Wissenschaftler, ihre Vorstellung von einer friedfertigen Mayazivilisation aufzugeben: Abgeschlagene Köpfe und Besiegte, die auf ihre Hinrichtung warten, sind ebenso dargestellt wie Menschenopfer.

Der Besuch von Bonampak ist über eine gute Straße möglich (plus 9 km Piste), die auch nach Frontera Corozal am Río Usumacinta führt. Von dort aus fahren Boote nach Yaxchilán und Bethel (Guatemala). Angebote mit kombiniertem Besuch von Bonampak und Yaxchilán gibt es in den Reisebüros von Palenque. ▢ Q11

GOLF VON MEXIKO

ERDÖL UND KARIBIK-ATMOSPHÄRE

Einst nahm hier die Kultur der alten Völker ihren Anfang, heute ist die Region bekannt für die Erdölverarbeitung. Ausländische Besucher gibt es hier bislang nur wenige: Die Küste des Golfs von Mexiko steht für Reisen abseits der Besucherströme, ist aber auch ziemlich beschwerlich. Feuchtheißes Klima und wenig touristische Infrastruktur prägen die Gegend, auch schöne Strände gibt es nur wenige entlang der von Sümpfen zergliederten Küste. Warum also hierher reisen?

Geometrie-Meisterwerk aus dem 6. Jh.: Nischenpyramide der Tempelanlage El Tajín

Weil die Golfküste Geschichte hat: Hier traf die Neue auf die Alte Welt, hier betrat der Eroberer Hernán Cortés zum ersten Mal amerikanischen Boden. Und: Keine *plaza* in Mexiko ist berauschender, karibischer als die von Veracruz. Hier siehst du Paare den klassischen *Danzón* tanzen. In der Nachbarschaft von Erdölraffinerien der Neuzeit liegen alte Zeremonialstätten. Erst die Suche nach dem schwarzen Gold führte zur Entdeckung des Kultzentrums der Olmeken, der ältesten der Kulturen Mesoamerikas.

GOLF VON MEXIKO

Poza Rica
3 El Tajín ★

Martínez de la Torre

Misantla

Zaragoza

Altotonga

250 km / 4 Std.

MEX 180

MEX 140 D

Perote

2 Jalapa

Palmar de Pérez

1 La Antigua

Guadalupe Victoria

Huatusco de Chicuellar

Paso de Ovejas

Plaza de Armas ★

Veracruz
S. 130

Jamapa

Córdoba

Cuacnopalan

Orizaba

Cuitláhuac

MEX 150 D

Alvarado

95 km, 2 Std.

Tlacotalpan **4**

Ángel R. Cabada

Tehuacán

Tierra Blanca

MEX 145 D

Cosamaloapan

San Sebastián Zinacatepec

Presa Miguel Alemán

Tres Valles

Papaloapan

Huautla de Jiménez

MEX 135 D

MEX 145

Loma Bonita

Tuxtepec

Isla

MEX 175

MEX 147

Asunción Nochixtlán

San Pablo Huitzo

50 km
31.08 mi

Oaxaca

Tlacolula

MEX 190

MARCO POLO HIGHLIGHTS

★ **PLAZA DE ARMAS IN VERACRUZ**
Packende karibische Atmosphäre bis in die frühen Morgenstunden erleben
► S. 130

★ **EL TAJÍN**
Das Geheimnis der Nischenpyramide konnte bisher noch niemand lüften
► S. 132

★ **CICOM IN VILLAHERMOSA**
Schätze der Maya und Azteken, toll präsentiert in diesem archäologischen Museum ► S. 134

★ **PARQUE MUSEO LA VENTA**
Ein tropischer Park in Villahermosa mit Regenwaldtieren und den Monumentalköpfen der Olmeken ► S. 134

Gulf of Mexico

466 km, 5 Std.

Bahía de Campeche

5 Catemaco

Paraíso

Coalzacoalcos

Sánchez Magallanes

Hacienda La Luz 6

Parque Museo La Venta ★

MEX 180

Cicom ★

Minatitlán

Las Choapas

Cárdenas

Villahermosa
S. 134

Texistepec

MEX 195

Estación Chontalpa

MEX 180 D

Chimalapa 2da

Pichucalco

San Miguel del Rio

MEX 185

Poblado 10 (La Chinantla)

Raudales Malpaso

Rayón

urba del caracol

Las Maravillas

VERACRUZ

(🗺 M10) **Mexikos Tor zur Welt gibt sich als karibisch geprägte Metropole. Veracruz ist die größte Hafenstadt des Landes (800 000 Ew.) und pflegt seinen Ruf der Leichtlebigkeit und Weltoffenheit.**

Die Mixtur ist aufregend: Barocke Gebäude stehen unter hohen Palmen, Menschen aus Afrika und der Karibik, aus Südamerika und Asien flanieren durch die Straßen. Auf dem Zócalo treffen sich Liebespaare und Marimbaspieler. Zur närrischen Zeit im Februar und März platzt Veracruz aus allen Nähten. Calypsorythmen, Trommeln und heiße Umzüge – nirgendwo in Mexiko wird lauter, schöner, lebhafter gefeiert.

INSIDER-TIPP
Karneval trifft Karibik

SIGHTSEEING

PLAZA DE ARMAS ⭐

Der Zócalo der Stadt, auch *Plaza de la Constitución* genannt, ist ein tropisch anmutender Platz, umgeben von Palmen und üppig blühenden Gewächsen. Unter Arkaden *(portales)* sitzt man in den Abendstunden zusammen und lässt es sich in den zahlreichen Freiluftrestaurants und Cafés schmecken – untermalt von den Klängen der Marimbaspieler. Den Straßenmusikern kannst du aber auch auf einer der zahlreichen Parkbänke lauschen. Der Platz ist umringt von mehreren historischen Gebäuden, darunter die prachtvolle Kathedrale *(La Parroquia)* von 1734.

PLAZA DE LA REPÚBLICA

Den schmalen, lang gezogenen Platz gegenüber dem Hafen säumen öffentliche Gebäude des 19. Jhs.: das Zollhaus *(Aduana Marítima),* das Hauptpostamt *(Correo y Telégrafo)* mit einer üppig gestalteten Fassade und der kachelverzierte Bahnhof *(Estación de Ferrocarriles).* Größtes Gebäude ist das *Registro Civil* an der Westseite.

CASTILLO DE SAN JUAN DE ULÚA

Tonnenweise wurden Gold und Silber zu Zeiten der Spanier auf die Schiffe verladen – kein Wunder, dass die Gewässer vor Veracruz Ziel von Piraten waren. Auf der lang gestreckten Koralleninsel Gallega im Hafen errichteten die Spanier deshalb eine Festung, Schauplatz zahlreicher Schlachten. Im dunkelsten Verlies saß Benito Juárez ein. *Di–So 9–16.30 Uhr | über einen Damm (Verlängerung der Avenida Ulúa) oder per Fähre ab Malecón | Bus ab Plaza de la República | sanjuande ulua.com.mx | ⏱ 1½ Std.*

ACUARIO DE VERACRUZ

Die größte Attraktion der Stadt: Mexikos bestes Aquarium zeigt Becken mit Haien, Rochen und Meeresschildkröten, auch Pinguine und sogar Seekühe leben hier. *Mo–Do 10–19, Fr–So 10–19.30 Uhr | Playón de Hornos | Boulevard Camacho | acuariodevera cruz.com | ⏱ 2 Std.*

ESSEN & TRINKEN

Palapa-Restaurants, in denen Fisch und Schalentiere am offenen Feuer ge-

Karibische Atmosphäre: Auf Veracruz' Plaza de Armas wogt das Leben Tag und Nacht

grillt werden, liegen am *Malecón del Paseo* und *Boulevard Ávila Camacho*.

GRAN CAFÉ DE LA PARROQUIA

Ein Besuch im traditionsreichsten Café von Veracruz macht Laune. Ob Frühstück oder Dinner, dazu gehört immer ein kunstvoll servierter *lechero* (Milchkaffee). *Gómez Farias 34/Malecón | Tel. 01229 9 32 25 84 | laparroquia.com | €€*

VILLA RICA

Unter einem riesigen *Palapa*-Dach am Strand, umgeben von Einheimischen und Musikgruppen, genießt man eine Riesenauswahl an Fisch und Seafood, zubereitet am Grill oder feurig-scharf *a la veracruzana. Boca del Río/Avenida Mocambo 527 | Tel. 01229 9 22 21 13 | €€*

RUND UM VERACRUZ

■ LA ANTIGUA

30 km von Veracruz entfernt, 30 Min. Autofahrt über die MEX 180
Reise in die mexikanische Vergangenheit: In dem kleinen Fischerdorf nördlich von Veracruz verstecken sich unter den Luftwurzeln jahrhundertealter Bäume die Reste der *Casa de Cortés.* Was vom Wohnhaus des Eroberers Hernán Cortés übrig blieb, ist frei zugänglich; das schwüle, tropische Klima schafft eine lähmende Atmosphäre. Eine kleine weiße Kapelle wird als erste Kirche der Spanier auf mexikanischem Boden ausgegeben. *M9–10*

2 JALAPA

130 km von Veracruz entfernt,
1¾ Std. Autofahrt über die MEX 140

Auf 1400 m Höhe, inmitten üppiger Vegetation und umgeben von Kaffeeplantagen, liegt nordwestlich von Veracruz die alte Kolonialstadt, auch Xalapa geschrieben (350 000 Ew.). Ihre wichtigste Sehenswürdigkeit ist das in eine schöne Parkanlage eingebettete *Museo de Antropología (Di–So 9–17 Uhr | Avenida Xalapa | uv.mx/max | ⏱ 1–1½ Std.).* Neben dem Museum in Mexiko-Stadt ist es das bedeutendste des Landes. Es zeigt Monumentalskulpturen der Olmeken und Terrakotten sowie Gebrauchsgegenstände der Totonaken und Huaxteken, jener drei Kulturen, die die Golfküste prägten.

Unvergesslich ist ein Stopp in der *Fonda El Itacate (Juan Soto 4 | Tel. 01228 1 65 06 63 | €€),* die beste, traditionsreiche Jalapagerichte mit einer Frida-Kahlo-Atmosphäre verbindet. Beim dreigängigen *Menu del Día* sitzt du mittags zwischen lauter Stammgästen in aufgekratzter Atmosphäre. 🗺 M9

INSIDER-TIPP
Zwischen Bankern und Truckern

3 EL TAJÍN ⭐

250 km von Veracruz entfernt,
4 Std. Autofahrt über die MEX 180

Dank der abgelegenen Lage triffst du in El Tajín nur auf wenige andere Besucher, besonders morgens ist dann die Stimmung einfach zauberhaft. Die

Sitzt im Museo de Antropología von Jalapa: tönerner Zeuge einer vergangenen Kultur

geheimnisvolle Tempelanlage, die vermutlich zwischen 300 und 1100 ihre Blütezeit erlebte, gehört zum Unesco-Welterbe. Einige der Gebäude stammen aus dem 6. bis 7. Jh., etwa die 25 m hohe Nischenpyramide *(Pirámide de los Nichos)*. Das siebenstöckige Bauwerk zählt 364 Nischen, zusammen mit dem Tempel auf der Spitze ergeben sich also so viele, wie das Jahr Tage hat. Die quadratisch gestalteten Nischen hatten, so heutige Erkenntnisse, rein ornamentale Bedeutung.

Von den zahlreichen weiteren Tempeln und Pyramiden ist ein Großteil noch nicht freigelegt. Die Totonaken, die damaligen Herrscher der Stätte und Bewohner der Region, schufen auch zehn große Ballspielplätze, um einem blutigen Ritual zu frönen, das stets mit einem Menschenopfer an die Götter endete. *Tgl. 9–17 Uhr |* ⏱ *2½ Std. |* 🗺 *M9*

4 TLACOTALPAN

100 km von Veracruz entfernt,
1½ Std. Autofahrt

Das von den Spaniern als Hafenstadt gegründete Tlacotalpan (7600 Ew.) ist eines der bestgehüteten Geheimnisse des Landes. Mit seiner sanften karibischen und gleichzeitig lebenslustigen Atmosphäre verströmt der Ort einen ganz besonderen Charme. Hier erwarten dich in allen Regenbogenfarben leuchtende Häuser aus der Kolonialzeit, flankiert von hohen Palmen. Das in einer süßen Kolonialvilla untergebrachte *Museo Salvador Ferrando (offiziell Di–Sa 10–18, So 13–19 Uhr, doch nur unregelmäßig geöff-*

net | Alegre 6 | Facebook | ⏱ *45 Min.)* ist das beste von einem halben Dutzend kleiner Museen und benannt nach einem hiesigen Maler. Zu sehen gibt es historische Möbel, Gemälde und einige Ausgrabungsfunde.

Unternimm einen Bummel entlang des Río Papaloapan, des „Schmetterlingsflusses", wie der drittlängste mexikanische Wasserlauf auf *Nahuatl*, der Sprache der Azteken, heißt. Mit einer ausgezeichneten Lage am Fluss punktet das farbenfrohe kleine Restaurant *Los Jarochos (Guillermo Chazaro Lagos | Tel. 01288 6 90 09 29 | €)*. Die Ausstattung ist einfach, das Essen bodenständige Hausmannskost und die in gewaltigen Glaskelchen servierten Cocktails haben es in sich. 🗺 *N10*

5 CATEMACO

170 km von Veracruz entfernt,
3 Std. Autofahrt über die MEX 180

Die ganzjährig schwülwarme Stadt (30 000 Ew.) liegt an den Ausläufern der Sierra de los Tuxtlas und am Catemacosee, der den Krater eines längst erloschenen Vulkans füllt. Sie ist ein prima Ausgangspunkt für Besuche des ca. 10 km nordwestlich gelegenen Biosphärenreservats *Reserva de la Biosfera Los Tuxtlas,* eines bislang nur wenig erschlossenen Regenwaldgebiets. Wasserfälle, undurchdringliche Vegetation, steil aufragende Hügel: Es empfiehlt sich, in Catemaco einen ortskundigen Führer zu engagieren, der dich auf dieser Exkursion begleitet.

Nicht verpassen solltest du auch eine Bootstour auf der unergründlich schimmernden, von grünen Hügeln umgebenen *Laguna Catemaco,* bei der auch einige der winzigen Inselchen im See angesteuert werden können. *Lancheros* liegen am Malecón und können als *colectivo,* also mit bis zu sechs Personen, oder auch für eine kleine private Tour gebucht werden.

INSIDER-TIPP
Kongress der
Zauberer

Am ersten Freitag im März reisen viele Besucher an, um sich von den in der Stadt lebenden *brujos,* den Heilern und Hexern, von schlechten Energien befreien zu lassen. Ein irres Event! Seit vor über 300 Jahren hier einem Fischer die Jungfrau Maria erschienen sein soll, sind die Einheimischen überzeugt: Catemaco ist ein magischer Ort. Und da hier das ganz Jahr über Schamanen ihre Dienste anbieten, kannst du an jeder Ecke magische Amulette kaufen, dir die Zukunft weissagen und dich von schlechten Energien befreien lassen. 🗺 N10

VILLA-HERMOSA

(🗺 O10) **Tabasco ist dank des Erdöls im Golf von Mexiko der reichste Bundesstaat des Landes, der 1598 an den Ufern des Río Grijalva gegründete Ort Villahermosa (570 000 Ew.) seine Hauptstadt.**

Die meisten Reisenden bleiben nur einen Tag, um den weltberühmten La-Venta-Museumspark zu besichtigen. Dabei ist Villahermosa landschaftlich gesehen ein Juwel: Die Stadt hat diverse Seen und gewaltige Parks mit mächtigen tropischen Bäumen, durch die ganze Horden von Brüllaffen turnen.

Als Flaniermeile bis in die Nachtstunden angesagt ist die prächtige *Zona Luz,* das alte Zentrum. Die spanischen Häuser wurden sorgfältig restauriert und in hippe Restaurants, Cafés und stylishe Modeläden umgewandelt. Im Norden grenzt der Parque Juárez an.

SIGHTSEEING

CICOM ⭐
Viele Wissenschaftler widmen sich im *Centro de Investigación de las Culturas Olmeca y Maya* der Erforschung der Olmeken- und Mayakulturen und schufen mit dem *Museo Regional de Antropología Carlos Pellicer Cámara* auf vier Etagen eine der angesehensten präkolumbischen Sammlungen. *Di–So 9–17 Uhr | Periférico Carlos Pellicer Cámara 511 (am Flussufer) |* ⏱ *1½ Std.*

PARQUE MUSEO LA VENTA ⭐
Bei Erdölbohrungen stießen Arbeiter 1938 im 130 km entfernten La Venta auf eine Sensation: 3000 Jahre alte Monumentalskulpturen der Olmeken, der vermutlich ältesten Hochkultur Amerikas, kamen ans Tageslicht – 25 t schwere und bis zu 2,70 m hohe Häupter mit fremdartigen Gesichtszügen, aufgeworfenen Lippen und breiten Nasen. Von La Venta wurden die Kolosse nach Villahermosa gebracht. Auf einem großen Gelände schuf der landesweit angesehene Literat Carlos Pellicer Cámara ein Frei-

lichtmuseum von Weltrang. 33 der Skulpturen wurden in einer Art tropischem Naturpark aufgestellt. Ein Zoo zeigt außerdem die Tiere des Dschungels, dazu eine große Vogelvoliere. *Tgl. 8–16 Uhr | Avenida A. Ruíz Cortines |* ⏱ *2 Std.*

ESSEN & TRINKEN

In der *Zona Luz* gibt es tolle Restaurants zu entdecken. Probier den *pejelagarto* (Süßwasserfisch in diversen Zubereitungen)!

LOS TULIPANES

Nach dem Museumsbesuch lockt im CICOM-Komplex mit Blick auf den Fluss regionale Küche aus Tabasco. Leckere Meeresfrüchtecocktails! *Periférico Carlos Pellicer Cámara 511 | Tel. 01993 3 14 54 69 | €€*

LA CEVICHERÍA TABASCO

Einfach leckere Küche: Ob Tacos mit Yucca und Marlin, Thai-Suppen mit Garnelen oder die Meeresfrüchtepizza. *Francisco José Hernández Mandujano 114 | Tel. 01993 3 45 00 35 | €€*

RUND UM VILLA-HERMOSA

6 HACIENDA LA LUZ

50 km von Villahermosa entfernt, 50 Min. Autofahrt

Dahin fahren, wo der Kakao wächst? Dann musst du ins nordwestlich gelegene *Comalcalco,* wo nicht nur die Maya-ruinen einen Besuch lohnen, sondern auch diese alte Hacienda. Auf einer interessanten einstündigen *Choco Tour* erfährst du, wie aus dem Rohprodukt mexikanische Schokolade gemacht wird. Danach kannst du dich im netten Shop umschauen, der tolle Produkte „hecho en Tabasco" bereithält. *Di–So 9, 11, 13 und 15 Uhr | Boulevard Rovirosa 232 | haciendalaluz.mx |* ⏱ *3 Std. |* 🚗 *O10*

Dauert noch, bis die Schoki fertig ist   auf einer Choco Tour geht's an die Kakaobohne

YUCATÁN

KARIBIKTRAUM MIT MAYAPYRAMIDEN

Auf der karibischen Halbinsel liegen Traumstrände, Pyramiden und Kolonialstädte dicht beieinander. Die Hauptrolle spielt das Meer: Leuchtend türkis spült es in sanften Wellen an die schneeweißen Palmenstrände. Der Traum von der Karibik – in Yucatán wird er wahr, gepaart mit einer typisch mexikanischen Note. In Cancún und an der sich südlich davon ersteckenden Riviera Maya sowie auf einer Handvoll winziger Robinson-Crusoe-Inselchen findet jeder sein persönliches Paradies.

Mayabaukunst: 365 Stufen führen auf die El Castillo genannte Pyramide in Chichén Itzá

Tauch und schnorchele zwischen Scharen von tropischen Fischen und Meeresschildkröten. Vor der Südwestküste Cozumels liegt das legendäre Palancarriff, eine Wunderwelt aus Korallen, Höhlen und Steilwänden. Feiern kannst du in Beachclubs oder auf kultigen Dschungel-Raves. Und das Beste: Nicht weit von den Badeorten entfernt stehen einige der größten und schönsten Pyramiden des Landes. Städte wie Mérida und Campeche faszinieren wiederum mit kolonialen Palästen und hippen Lokalen. Ausführliche Infos findest du im MARCO POLO „Yucatán".

YUCATÁN

Dzilam de Brav

Progreso

Sisal

MEX
261

Buctzot.

MEX
176

Mérida ★
S. 141

Motul

Hunucma

Umán

475 km, 5 Std.

Tahmek

MEX
180

Kantunil

Celestún

Kopomá

Tecoh

Cepeda

MEX
180

Muna de Arana

Mama

1 **Uxmal** ★

MEX
184

YUC
18

Dzitbalché

MEX
261

Akil

Tixmehuac

Tenabo

Bolonchen de Rejón

Tzucacab

Peto

Dziuché

Campeche
S. 140

Hopelchén

MEX
188

Alfredo V. Bonfil

CAM
269

Santo Domingo Kesté

Dzibalchén

Constitución

MARCO POLO HIGHLIGHTS

★ **MÉRIDA**
Alte Kolonialstadt ganz hip: Die „Schöne" vereint Marimbamusik auf den *plazas* mit Designerboutiquen und angesagten Restaurants ➤ S. 141

★ **UXMAL**
Tempel im Tempel: Die Pyramide des Zauberers enthält fünf Kultstätten ➤ S. 143

Gulf of Mexico

Río Lagartos

El Cuyo

3 Isla Holbox

Playa Norte

Isla Mujeres ★
S. 147

Panabá

Colonia Yucatán

Cancún
S. 144

Playa Tortugas

Tizimin

MEX 1176

290 km, 3½ Std.

Leona Vicario

Espita

MEX 295

Popolnah

MEX 305

Puerto Morelos

Dzitás

Sisbicchén

MEX 180 D

Playa Maroma

Chichén Itzá ★

Valladolid

196 km, 2¼ Std.

Playa del Carmen
S. 151

4 Xcaret Park

Tixcalcalpul

7 **Cobá ★**

Xpu-Ha Beach

Cozumel
S. 149

Riviera Maya ★

5 Xel-Há Park

6 Tulum

Tihosuco

MEX 295

Señor

MEX 184

50 km
31.08 mi

Chunhuhub

Felipe Carrillo Puerto

MEX 307

★ **CHICHÉN ITZÁ**
Der Ort, wo die Tolteken die Maya trafen: eine der großartigsten Pyramidenstätten Mexikos und ein absolutes Muss ➤ S. 143

★ **ISLA MUJERES**
Piña colada unter Palmen: die kleine „Insel der Frauen" setzt auf karibisches Flair und junge Atmosphäre ➤ S. 147

★ **RIVIERA MAYA**
Dieser Streifen Karibikküste lockt mit Traumstränden, coolen Beachclubs, stilvollen Hotels und jeder Menge Wellness ➤ S. 151

★ **COBÁ**
Zwischen Seen und Urwald thront die höchste Pyramide der Halbinsel – und du darfst sie besteigen! ➤ S.153

CAMPECHE

(🗺 Q9) **Alles andere als ein Freilicht-museum ist die lebhafte Haupt-stadt (250 000 Ew.) des gleichnami-gen Bundesstaats, die so schön ist, dass man ungern wieder wegfährt.** Einstöckige koloniale Stadtpaläste, je-der ein Kunstwerk für sich, säumen die kopfsteingepflasterten, im Schach-brettmuster angelegten Straßen. Tolle Boutiquehotels, ausgefallene Mode-läden, Cafés und Restaurants ziehen Besucher magisch an: Campeches Zentrum ist ein echtes Schmuckstück.

SIGHTSEEING

CENTRO CULTURAL CASA 6

Der koloniale Reichtum der Stadt spie-gelt sich im heutigen Kulturzentrum mit Café, einem spanischen Herren-haus, das meisterhaft restauriert wur-de. Die maurische Fassade besteht aus handgefertigten Fliesen. Ausstel-lungen, Kunst und Folklore. *Tgl. 9–21 Uhr | Calle 57 Nr. 6 (Südseite der Plaza Principal) | ⏱ 20 Min.*

TUKULNÁ

Das Innere des prächtigen Stadtpa-lasts beeindruckt mit hohen Balken-decken und reich dekorierten Räu-men, in denen sich heute Läden für Kunsthandwerk aus dem Staat Cam-peche befinden. *Calle 10 Nr. 333 (zwi-schen Calles 59 und 61)*

BALUARTE SAN FRANCISCO 👀

Eine von Bastionen *(baluartes)* unter-brochene Wehrmauer umgibt Teile der Altstadt. Im mächtigen, gut erhal-tenen Baluarte San Francisco mit me-terdicken Mauern informiert eine stil-voll präsentierte Dokumentation über die Seeräuber, die einst die Gewässer vor Campeche unsi-cher machten. Toll ist auch ein Spaziergang auf der Wehrmauer, besonders romantisch kurz vor Sonnenuntergang. *Mo–Fr 8–21, Sa/So 9–21 Uhr | Calle 18/Calle 57 | ⏱ 1 Std.*

INSIDER-TIPP
Auf der Mauer auf der Laue

ESSEN & TRINKEN

EL RINCÓN TARASCO

Hier entdeckst du die Vielfalt mexika-nischer Tacos. Außerdem regionale Fleischspezialitäten und Klassiker der internationalen Küche. *Calle 12 Nr. 112 (zwischen Calles 51 und 53) | Tel. 01981 8 16 75 32 | €€*

CENADURÍA LOS PORTALES ☂

Beste regionale Gerichte kann man hier unter den Arkaden eines hüb-schen Platzes und in Gesellschaft vie-ler Einheimischer genießen. Sowohl die Margaritas als auch die *Sopa de Limón* sind hier der Hammer, danach fragst du nach der Spezialität des Ta-ges. *Calle 10 Nr. 86/Plazuela San Fran-cisco | Tel. 01981 8 11 14 91 | €*

SHOPPEN

Im Baluarte San Pedro wurde ein Kunsthandwerkszentrum eingerich-tet. Dort gibt es eine große Auswahl an geflochtenen Panamahüten. *Cal-le 49*

Die Türme der Kathedrale: markanter Blickfang über der Plaza Mayor von Mérida

SPORT & SPASS

LUZ Y SONIDO 👤

Campeche war früher Seeräuberziel. Beim abendlichen Spektakel *El Lugar del Sol* wird daran erinnert: Einbeinige Piraten, säbelschwingende Freibeuter tummeln sich auf den jahrhundertealten Bastionen. Schüsse fallen, aus den alten Kanonen ertönen gewaltige Schläge und alles ist in dramatisches Licht getaucht: Als Zuschauer erlebt ihr die wilde Zeit hautnah mit. *Do–So 20 Uhr | Puerta de Tierra (Calle 18/Calle 59)*

MÉRIDA

(🗺 Q8) **Die alte Kolonialstadt** ⭐ **Mérida (1,3 Mio. Ew.) begeistert mit ihrer Lebenslust und mit frischem Design in alten Gemäuern.**

Man trifft sich auf den zahlreichen Plätzen oder bummelt auf dem Paseo de Montejo, einem prächtigen Boulevard, an dem stilvolle Herrenhäuser liegen.

SIGHTSEEING

PALACIO DE GOBIERNO

Im Festsaal des Regierungspalasts befinden sich mehrere großartige Malereien von Fernando Castro Pacheco. Auf dem Balkon treffen sich oft die Fotografen, um von hier aus einen Schnappschuss von Kathedrale und Zócalo zu ergattern. *Tgl. 8–19 Uhr | Nordseite des Zócalo |* ⏱ *20 Min.*

MUSEO DE ARTE POPULAR

Das kleine Volkskunstmuseum bietet einen umfassenden Einblick in yucatekische Trachten und Kunstgewerbe.

Hier wird das Tanzbein geschwungen!
Méridas Plätze sind Open-air-Bühnen

Wer an den typischen Produkten Méridas interessiert ist, kann sich hier über die Herstellungstechniken informieren. *Di–Sa 9–20, So 9–14 Uhr | Casa Molina, Parque Mejorada (Calle 57 Nr. 487/Calle 50) | 30 Min.*

MUSEO DE ANTROPOLOGÍA
Das Museum beherbergt Exponate zur Kultur der Maya und anderer präkolumbischer Völker Mexikos. Von unschätzbarem Wert sind vor allem die Opfergaben, die aus dem heiligen *cenote* (einer mit Wasser gefüllten Kalksteindoline) in Chichén Itzá geborgen wurden. *Di–So 8–17 Uhr | Palacio Cantón (Paseo Montejo/Calle 43) | 45 Min.*

GRAN MUSEO DEL MUNDO MAYA
Schon die Architektur dieses Weltklasse-Museums ist herausragend: Das Gebäude ist einem stilisierten Ceibabaum nachempfunden. Zu sehen gibt es Filme, Fotos und Exponate der Mayakultur. Besonders toll: Auch Alltag und Leben der heutigen Maya werden präsentiert. *Mi–Mo 8–17 Uhr | Calle 60 Norte 299e | granmuseodelmundo maya.com.mx | 1½ Std.*

ESSEN & TRINKEN

In Méridas Restaurants serviert man yucatekische Spezialitäten mit karibischem Einschlag.

AMARO
Das Trendrestaurant befindet sich im Patio des Hauses, in dem 1787 Andrés Quintana Roo geboren wurde, eine der führenden Figuren im Kampf für die mexikanische Unabhängigkeit. Die Küche ist spezialisiert auf Vegetarisches wie *chaya,* ein spinatähnliches Gemüse. *Calle 59 Nr. 507 (zwischen Calles 60 und 62) | Tel. 01999 9 28 24 51 | restauranteamaro.com | €€*

EL PÓRTICO DEL PEREGRINO
Schönes koloniales Stadthaus, perfekt restauriert und in ein Restaurant umgewandelt. Bestellen könnt ihr beste mexikanische Gerichte, aber auch Pasta. *Calle 57 Nr. 501 (zwischen Calles 60 und 62) | Tel. 01999 9 28 61 63 | €€€*

LOS ALMENDROS
Hier gibts beste lokale Spezialitäten, z. B. *cochinita pibil,* Schweinefleisch in Bananenblättern und pikant gewürzt.

Calle 50a Nr. 493/Plaza de la Mejora-da | Tel. 01999 9 23 81 35 | restaurante losalmendros.com.mx | €€

SHOPPEN

EL AGUACATE

Auf der Suche nach einem originellen Mitbringsel? In diesem Laden wartet eine große Auswahl an farben-prächtigen Hängematten. Wenn du länger in Mérida bist, kannst du dir sogar eine nach eigenen Entwürfen bestellen. *Calle 58 Nr. 604/Calle 73 | hamacaselaguacate.com.mx*

AUSGEHEN & FEIERN

Straßenverkäufer, Freiluftrestaurants und Salsarhythmen auf der Calle 60: Ab Samstagabend wird auf den Stra-ßen der Innenstadt gefeiert, wenn diese für den Verkehr gesperrt wird. Lust auf Gratismusik? Du hast die Wahl, geh zur 🕿 *Serenata Yucateca (Do 21 Uhr | Parque Santa Lucía, Calle 60/ Calle 55)* mit yucatekischer Musik und Poesie oder zur *Noche Mexicana (Sa 20 Uhr | Paseo de Montejo/Calle 47)* mit Folklore, *Mariachi-* und Marimbamusik.

RUND UM MÉRIDA

1 UXMAL ⭐

85 km von Mérida entfernt, 1¼ Std. Busfahrt

Früh am Morgen, wenn die Nebel-schwaden sich langsam von den Re-genwaldbäumen zurückziehen und die ersten Sonnenstrahlen auf die Unesco-Welterbestätte fallen, ist Ux-mal ein ganz und gar magischer Ort. Tatsächlich gehören die Pyramiden und Tempel von Uxmal zu den Höhe-punkten der späten Mayaklassik. Die Pyramide des Wahrsagers, auch Pyra-mide des Zauberers *(Templo del Adivi-no bzw. Enano)* genannt, 38 m hoch und mit ovalem Grundriss, ist der Star der Anlage. Sie besteht aus fünf Ge-bäudekörpern, die innerhalb von drei Jahrhunderten entstanden – Hinweis darauf, dass die Maya die Pyramide alle 52 Jahre überbauten. *Tgl. 8–17 Uhr | ⏱ 3–4 Std. | 📖 Q9*

2 CHICHÉN ITZÁ ⭐

120 km von Mérida entfernt, 1½ Std. Busfahrt

Yucatáns ganzer Stolz, die größte und bedeutendste Mayastätte der Halbin-sel, wurde ab 400 n. Chr. von den Maya bewohnt und um 1000 vom Volk der Itzá eingenommen. Unter ihrem toltekischen König Quetzalcóatl („Ge-fiederte Schlange", in der Mayasprache „Kukulcán") kam es zur Verschmelzung von Maya- und Toltekenarchitektur. Die heute perfekt restaurierte und be-triebene Stätte ist das Ziel von Reisegruppen aus aller Welt. Du soll-test gleich nach Öff-nung der Eingangstore unterwegs sein und dafür lieber während der Mittagszeit eine lange Siesta einlegen. Wenn die Sonne dann schon tief steht, schaust du dir noch die weniger be-kannten Gebäude an. Ideal ist des-halb ein zweitägiger Aufenthalt.

INSIDER-TIPP
Der frühe Vogel …

Zu den archäologischen Schätzen Chichén Itzás gehört die Pyramide des Kukulcán *(El Castillo, nicht zu besteigen).* Über einen Gang an ihrer Nordseite erreichst du einen im Bauch des Gebäudes befindlichen, überbauten Tempel. In zwei Räumen warten die Opferfigur eines Chac Mool sowie ein Jaguarthron auf Besucher. Achte auf die Einfassungen am Fußende der Treppen, Schlangenköpfe mit geöffnetem Rachen. Zweimal im Jahr (am 21. März und 23. September) erweckt der Schattenwurf der Sonne den Eindruck, als ob sich die Reptilien langsam vom Tempel herabwinden, ein unglaubliches Schauspiel, das Tausende Menschen anzieht.

Nahe dem Castillo liegt der Ballspielplatz *(Juego de Pelota),* mit 91 × 36 m nicht nur der größte des Landes, sondern auch der am besten erhaltene. Quer über den großen Platz gelangst du zum Tempel der Krieger *(Templo de los Guerreros),* einem von den Itzá überbauten und erweiterten Mayagebäude. Auf einer 12 m hohen Pyramide stehen fein verzierte Säulen, die ursprünglich ein Dach trugen. Das Portal des Mayatempels besteht aus zwei gewaltigen Schlangensäulen. Vor dem Eingang liegt eine Chac-Mool-Figur.

Das interessanteste Gebäude der Südgruppe ist die Sternwarte, die auch als Schneckenhaus *(El Caracol)* bekannt ist. Eine schmale Wendeltreppe führt ins Obergeschoss eines Turms. Das Observatorium wurde vermutlich als astronomisches Messgebäude benutzt, um aus der Einstrahlung des Sonnenlichts Regelmäßigkeiten des Jahresablaufs entnehmen zu können.

Tgl. 8–17 Uhr, im Winter Ton-und-Licht-Schau um 19, im Sommer um 20 Uhr | chichenitza.com | ⏱ mind. 4 Std. Zwischendurch kannst du dir eine Latte macchiato oder einen Espresso im Café des in einem gewaltigen tropischen Park gelegenen, historischen Hotels *Mayaland* gönnen, das du durch einen Nebeneingang in der Nähe der Südgruppe erreichst. 🛆 R8

CANCÚN

(🛆 S8) **Wer Luxus, breite und endlos lange, täglich gesäuberte Sandstrände ebenso wie US-amerikanische Resorthotels mag, ist richtig in Cancún (1 Mio. Ew.).**

An einer 25 km langen, L-förmigen Sandbank zwischen Karibischem Meer und der Lagune Nichupté reihen sich die großen Hotelanlagen, oft mit All-inclusive-Angebot, aneinander. Außerhalb der Saison, nämlich von Mai bis Ende Oktober, fallen die Preise um die Hälfte. Schicke Malls und Plazas bieten US-Markenklamotten, mexikanisch gestylte Restaurants und Clubs. Wem Strand und Shopping nicht genügen, der besucht präkolumbische Stätten, koloniale Städtchen und Naturparks: Organisierte Bustouren nach Chichén Itzá und Tulum werden in allen Hotels angeboten.

SIGHTSEEING

MUSEO MAYA DE CANCÚN

Immer eine Abwechslung ist der Besuch in diesem engagiert gestalteten, modernen Mayamuseum: An die 400 Fundstücke, die von Ausgrabungen auf der Yucatán-Halbinsel stammen, gibt es zu sehen. Toll sind die Sonderausstellungen, beispielsweise in den Wintermonaten zum Tag der Toten

ACUARIO INTERACTIVO

Mitten im Shoppingkomplex *La Isla* liegt das aufwendig gestaltete Aquarium, in dem ihr Korallenfische, Rochen und sogar Piranhas zu sehen bekommt. Kinder haben hier ihre helle

Die Chac-Mool-Figur vorm Tempel der Krieger hielt vermutlich einst Opfergaben

(Dia de los Muertos). Di–So 9–18 Uhr | Zona Arqueológica de San Miguelito | Paseo Kukulcán km 16,5 | ⏱ 1½ Std.

RUINAS EL REY

Leguane und tropische Vögel sind heute die einzigen Bewohner der alten Mayastätte, die aus der nachklassischen Epoche (1200–1500) stammt und mitten in der Hotelzone liegt. Die insgesamt 47 kleineren Tempel und Gebäudefragmente wurden restauriert, die Fundstücke sind im zugehörigen Museum ausgestellt. *Tgl. 8–17 Uhr | Paseo Kukulcán km 19 | ⏱ 1 Std.*

Freude, da sie Mantarochen und Seesterne berühren und Schildkröten füttern dürfen. Wer mag, kann auch ins Wasser steigen und in nächster Nähe zu tropischen Fischen schwimmen! *Tgl. 9–20 Uhr | Paseo Kukulcán km 12,5 | aquariumcancun.com.mx | ⏱ 1 Std.*

ESSEN & TRINKEN

100 % NATURAL

Das Restaurant ist eine echte Veggie-Alternative! Es gibt Gemüselasagne und vegane Suppen, dazu köstliche Smoothies. Sogar Musikfans kommen hier auf ihre Kosten: allabendlich wird Jazz gespielt. *Sunyaxchén 62 | Tel. 01998 8 84 01 02 | 100natural.com.mx | €*

LA HABICHUELA
Seit 30 Jahren sind die karibischen und yucatekischen Spezialitäten ein Genuss. Gegessen wird im stylishen Innenraum oder – abends – bei Kerzenlicht im romantischen Patio. *Margaritas 25 (am Parque Las Palapas) | Tel. 01998 8 84 31 58 | lahabichuela.com | €€€*

SHOPPEN

Das hübsche, offen gestaltete Shoppingzentrum *La Isla* am Paseo Kukulcán km 12,5 in der Hotelzone lockt mit einer Vielzahl an Boutiquen (u. a. Tommy Hilfiger, Ralph Lauren) und immer wieder mit hohen Rabatten und Schnäppchen. Nach dem Shopping sucht man sich eins der nett gestalteten Restaurants mit Blick aufs Meer (vorher besser die Preise in den ausliegenden Speisekarten checken!).

SPORT & SPASS

WET 'N' WILD 🏖
Der Wasserpark bietet Rutschen und Wasserspiele, aber alles etwas größer und wilder als gewohnt. *Tgl. 10–17 Uhr | Parque Nizuc (Paseo Kukulcán km 25) | wetnwildcancun.com*

STRÄNDE

PLAYA TORTUGAS 🏖
Seichtes türkisblaues Wasser und Puderzuckersand erwarten dich am „Schildkrötenstrand" von Cancún. Einige

große Felsen und wogende Kokospalmen tragen zur tollen Atmosphäre bei.

AUSGEHEN & FEIERN

COCO BONGO
Der Club schlechthin: Tanzflächen auf mehreren Ebenen bieten Platz für bis zu 1800 Besucher. Aufgelegt wird Rock und Pop der 70er und 80er sowie Hip-Hop, Rave und Salsa. Typisch Mexiko: Die opulenten Shows mit Akrobaten und bester Livemusik. Da die einzelnen Drinks sehr teuer sind, ist es besser, ein All-inclusive-Ticket zu kaufen. *Tgl. ab 22 Uhr | Plaza Forum by the Sea (Boulevard Kukulcán km 9,5) | cocobongo.com*

INSIDER-TIPP
Flatrate auf Mexikanisch

RUND UM CANCÚN

❸ ISLA HOLBOX
2½ Std. Autofahrt zum 160 km von Cancún entfernten Hafenort Chiquilá, von dort 30 Min. Fährüberfahrt
Schneeweiße, naturbelassene Sandstrände, türkisblau schimmerndes Meer, nahezu waagerecht über dem Wasser liegende Palmen, dazu ungeteerte Straßen und gänzlich autofrei: Das karibische Inselchen ist noch ein echtes Robinson-Crusoe-Idyll. Mit dem Fahrrad oder einem Golfcart entdeckst du die etwa 40 km lange und höchstens 2 km breite Isla Holbox (gesprochen „Hohlbosch").

Für lange Partynächte ist der Megaclub Coco Bongo die richtige Anlaufstelle

Die größte Attraktion sind die Walhaie, die zwischen Mai und September die Gewässer vor der Insel zum Planktonfressen ansteuern: bis zu 13 m lange und 12 t schwere Riesen, denen man sich mit kleinen Booten nähern kann. Möglich, jedoch von Tierschützern kritisch gesehen, ist auch das Schwimmen mit den *dominos,* wie die größten Fische der Welt wegen ihrer weißen Punkte auch genannt werden.

Die Tage vergehen mit Schwimmen und Sonnen, zwischendurch paddelt man mit dem Kajak im glasklaren Wasser durch die Mangrovenwälder. Täglicher Fixpunkt ist der Sonnenuntergang, den man mit einem kalten Getränk in der Hand zusammen mit anderen Gästen in einer der Strandbars genießt. Eine der Topadressen auf der Insel ist das *Mandarina Beach Club & Seaside Restaurant (Igualdad/Manzana 1 | Tel. 01984 8752129 | holboxcasalastortugas.com | €€–€€€)* mit seiner schicken und gleichzeitig lässigen Strandatmosphäre. Man lässt sich hervorragende mexikanische, lateinamerikanische und karibische Küche schmecken und trifft sich anschließend im angeschlossenen Beachclub zu exotischen Drinks bei Reggae- und Loungemusik. *R–S8*

ISLA MUJERES

(S8) **11 km vor der Karibikküste, nördlich von Cancún, liegt die 8 km lange und bis zu 1500 m breite "Insel der Frauen".**

Am Riff vor der Isla Mujeres ist Abtauchen angesagt

Cafés, Fischrestaurants und Boutiquen säumen die Straßen, mit Golfwagen düsen die Urlauber über die Insel. Die Atmosphäre ist leger und karibisch-mexikanisch. Hauptattraktion sind die großartigen Schnorchel- und Tauchgründe. Außerdem ist die Isla Mujeres (17 000 Ew.) nicht nur ruhiger, sondern auch um einiges billiger als Cozumel. Zwar hat sie einen kleinen Flughafen, doch der überwiegende Teil der Besucher kommt mit der Fähre über Punta Sam oder Puerto Juárez.

SIGHTSEEING

PLAYA Y PARQUE ECOTURÍSTICO PUNTA SUR

An der Südspitze der Insel thront ein (mittlerweile maroder) Leuchtturm, ein Restaurant im karibischen Holzhausstil mit tollem Blick über die Küste serviert mexikanische Gerichte. Der Park (Mo–Sa 9–16 Uhr) mit modernen Skulpturen erstreckt sich über einen Teil der Fläche, als Garten angelegt und mit fantastischer Aussicht auf die wild schäumende Karibik.

ESSEN & TRINKEN

LA CAZUELA M & J

Beliebt bei Reisenden ist das Restaurant mit einer großen Auswahl mexikanischer Gerichte. *Avenida Guerrero 4/Abasolo | Tel. 01998 8 77 01 01 | lacazuelamj.com | €*

ASIA CARIBE

Ohne Knoblauch, Koriander und Zitronengras geht hier nix: Chefkoch Peter Krinsky zaubert seit mehr als drei Jahrzehnten aufregende asiatisch-mexikanische Gerichte. Ob Sashimi und Temaki oder Nigiri – frischer kann Sushi selbst in Tokio nicht sein. *Avenida Hidalgo 9 | Tel. 01998 2 04 93 57 | asiacaribe.com | €€*

SPORT & SPASS

EL GARRAFÓN

Karibische Postkartenidylle mit VIP-Charakter: Im topgepflegten Meeresnationalpark im Südwesten der Insel verbringst du einen ganzen Tag mit Schnorcheln, Baden und Kajakfahren. Im Eintrittspreis ist auch der Verleih von Schnorchel und Flossen, Liegen und Tüchern inbegriffen. Zwischendurch lässt du es dir in den Restaurants und Cafés gut gehen. **INSIDER-TIPP Lust auf Meer** Wer nur am Schnorcheln interessiert ist, kommt am nebenan liegenden Strand *Garrafón del Castillo* erheblich günstiger weg. *Tgl. 9–17 Uhr | Carretera Garrafón km 6/Punta Sur | garrafon.com*

TORTUGRANJA 🐢

An der Westküste der Insel liegt eine Schildkrötenstation, in der junge Schildkröten in unterschiedlichen Becken aufgepäppelt und später wieder ins Meer entlassen werden; mit einer Klinik für verletzte Tiere. *Tgl. 9–17 Uhr | Carretera a Garrafón km 5 | ⏱ 1 Std.*

STRÄNDE

🏖 *Playa Norte* heißt der schönste Strand der Insel: eine türkisblaue Badewanne mit schneeweißem Sand und Palmen. Hier mietest du dir für ein paar Pesos eine Standliege oder legst dich aufs Handtuch. Der *Oceanus Beach Club (Zazil-Ha | Tel. 01998 8 81 47 70)* des Na Balam Hotels ist eine einzige karibische Idylle. Schnapp dir rechtzeitig eine der Liegen! Auch Essen und Drinks sind hier Spitzenklasse.

COZUMEL

(🗺 S8–9) Der Unterwasserfilmer Jacques-Yves Cousteau machte die kleine Karibikinsel (45 × 15 km) als Taucherparadies bekannt.

Tatsächlich kommt heute über die Hälfte der Besucher zum Tauchen nach Cozumel. Die meisten zieht es an das Palancarriff, aber auch die Unterwasserhöhlen vor der Chankanaablagune sind für ihre tropische Tier- und Pflanzenwelt bekannt. Täglich wird die Insel (85 000 Ew.) von Kreuzfahrtschiffen angelaufen und von Landgängern überflutet. Ab nachmittags herrscht dann wieder Ruhe und entspannte Atmosphäre.

SIGHTSEEING

MUSEO DE LA ISLA DE COZUMEL

Das kleine, etwas angestaubte Museum nahe der Schiffsanlegestelle von San Miguel zeigt Tauchfunde und Exponate zur Kultur der Maya. Auch ohne Museumsbesuch: **INSIDER-TIPP Chillen auf dem Oberdeck** Auf der Restaurantterrasse im ersten Stock fühlt man sich wie auf einem Ozeanliner und schaut mit einem kühlen Bier in der Hand auf die Karibik. *Museum Mo–Sa 9–16 Uhr, Restaurant (€) Mo–Sa 7–23, So 7–15 Uhr | Avenida Rafael Melgar/Calle 6 Norte | ⏱ 30 Min.*

ESSEN & TRINKEN

CASA DENIS

Seit mehreren Jahrzehnten bereitet die Familie Angulo köstliche karibisch-mexikanische Spezialitäten für ihre Gäste zu. Die wackligen weißen Plastikstühle haben selbst Plácido Domingo nicht den Appetit verdorben. *Calle 1 Sur 132 (zwischen 5a u. 10a Avenida) | Tel. 01987 8 72 00 67 | casadenis.com | €€*

PEPE'S GRILL COZUMEL

Das „Steak and Seafood House" begeistert seine Gäste mit Fisch und Meeresfrüchten. Da es an einer lauten Ecke am Meer liegt, suchst du dir am besten einen Platz im ersten Stock. *Avenida Rafael Melgar Sur/Adolfo Rosado Salas | Tel. 01987 8 72 02 13 | pepesgrillcozumel.com | €€*

LA PERLITA

Das palmblattgedeckte, offene Fischrestaurant gilt seit den 1980ern als hervorragend. *Catch of the Day*, selbst angebautes Gemüse und Salat, dazu große frische Säfte und starke Cocktails: Hier schmeckt es Einheimischen wie Urlau-

bern. *Calle 10 Norte 499 | Tel. 01987 8 69 83 43 | laperlitacozumel.com | €€*

SPORT & SPASS

CHANKANAAB BEACH ADVENTURE PARK 👯

Action um die Lagune und deren Naturpark: Kajakfahren, Ziplining, Tauchen und Schnorcheln im glasklaren Wasser zwischen tropischen Fischen in allen Farben. *Mo–Sa 8–16 Uhr | 9 km südl. von San Miguel*

STRÄNDE

Von den vielen schönen Karibikstränden sind die beliebtesten *San Francisco (etwa 17 km südl. von San Miguel)* und *San Juan (2 km nördl.)*. Puristen bevorzugen den einsamen *Palancarstrand (ca. 19 km südl.)*, der nur über einen Feldweg zu erreichen ist.

Mindestens genauso schön wie die Strände ist die Unterwasserwelt vor Cozumel

PLAYA DEL CARMEN

(🗺 S8) **Von Cancún zieht sich die MEX 307 parallel zum Meer nach Süden, die Ferienanlagen, Fischerorte, Buchten *(caletas)* und Strände *(playas)* an der Karibikküste sind auf kurzen Stichstraßen zu erreichen.**

Der etwa 140 km lange Abschnitt bis Tulum wird ⭐ *Riviera Maya* genannt. Palmengesäumte, schneeweiße Strände, türkisblaues Wasser, eine große Auswahl an Hotels und Pensionen aller Preisklassen, jede Menge coole Strandbars und tolle Freizeit- und Erlebnisparks: Kein Wunder, dass die Gegend zu den beliebtesten Zielen der Besucher gehört.

Zentrum der Riviera Maya ist *Playa del Carmen* (210 000 Ew.). Aus dem einstigen Hippienest ist ein internationaler Badeort geworden, in dem rund um die Uhr gefeiert wird. Mit der Eröffnung von Luxushotels, All-inclusive-Resorts und eines Golfplatzes im nahen Playacar zieht Playa del Carmen heute auch ältere, anspruchsvolle Urlauber an.

Entlang des hellen Strands ziehen sich offene *Palapa*-Restaurants und Cafés sowie Beachclubs. Man spielt Volleyball, relaxt mit Freunden oder startet zu einer Schnorcheltour. Die kilometerlang parallel dazu verlaufende „Fifth Avenue" (5a Avenida) ist die Flanier- und Einkehrmeile. Hier geht es rund um die Uhr hoch her, trifft man sich zum Frühstück wie zum Tequila Tasting, shoppt in diversen Läden wie in der Mall. Nachmittags steuert man zur Happy Hour die Strandcafés und Clubs an; nach Sonnenuntergang treten dort Bands auf.

ESSEN & TRINKEN

CHEZ CÉLINE

Unter dichten Baumkronen nimmt man an langen Holztischen Platz zu Café au lait und Croissant rund um die Uhr. Köstlich sind auch die hausgebackenen, mit Brie und luftgetrocknetem Schinken belegten Baguettes. *5a Av./Calle 34 Norte | Tel. 01984 8 03 34 80 | chezceline.com. mx | €€*

STRÄNDE

Der berühmte weiße, feine Sandstrand von Playa del Carmen erstreckt sich kilometerweit nach Norden und Süden. Im Bereich der Stadt *(vom Fähranleger etwa 3 km nach Norden)* liegen diverse Beachclubs – sowohl von den Hotels betriebene als auch öffentliche *(Eintritt 50–100 Pesos)*. An diesem belebten Strandabschnitt findest du zahlreiche Wassersportangebote, darunter Tauchen und Schnorcheln. Absolut angesagt am Strand sind Thaimassagen. Such dir eine Liege aus und wähl die sanfte Variante, *suave* genannt.

INSIDER-TIPP
Schmerz lass nach!

PLAYA MAROMA 🌴

20 km nördlich von Playa del Carmen, zwischen dichten Palmenhainen, vereinzelten Luxus-Hideaways und sma-

ragdgrünen Karibikfluten liegt dieser topgepflegte Traumstrand.

XPU-HA BEACH

Abgesehen von den nahen Luxushotels triffst du hier, am breiten und schneeweißen Strand, kaum andere Badegäste. Noch dazu ist das Wasser glasklar. *28 km südl. von Playa del Carmen bei Puerto Aventuras*

Nur für Schwindelfreie: 128 Stufen führen auf die Pyramide in Cobá

AM ABEND

COCO BONGO

Ein Meer von Seifenblasen, Lasershows, Akrobatik, dazu coole Liveshows. Teuer, aber gut (Eintrittspauschalen um die 70 US-$)! *Calle 12 Norte/Av. 10 Norte | cocobongo.com.mx*

RUND UM PLAYA DEL CARMEN

4 XCARET PARK

10 km von Playa del Carmen entfernt, 20 Min. Autofahrt

Tropische Falter im Schmetterlingsgarten sehen und eine abenteuerliche Floßtour machen, zwischen bunten Fischen schnorcheln, riesige Wasserschildkröten bestaunen, Seepferdchen im Aquarium angucken, mit Schwimmweste und Flossen durch einen unterirdischen Fluss paddeln, bei einer *charreada,* den mexikanischen Reiterspielen, dabei sein und abends bei Fackelschein im Freilichttheater das uralte Ballspiel Pelota erleben: Xcaret, der älteste (und teuerste) der Ökoparks (s. S. 24) bei Playa del Carmen, ist auch der schönste und der mit den meisten Aktivitäten. *Tgl. 8.30–22.30 Uhr | xcaret.com |* S8

5 XEL-HÁ PARK

50 km von Playa del Carmen entfernt, 40 Min. Autofahrt

Ein weiterer Natur- und Freizeitpark, in dem der Tag wie im Flug vergeht, wenn ihr umgeben von Mangroven in glasklaren Lagunen schnorchelt, in Unterwasserhöhlen schwimmt oder im Leuchtturm hoch über der Karibik den Überblick gewinnt. Zwischendurch geht's in All-inclusive-Restaurants mexikanisch essen und später ab zur Zipline. *Tgl. 8.30–18 Uhr | xelha.com | ▢ S9*

6 TULUM

60 km von Playa del Carmen entfernt, 50 Min. Autofahrt

In einmaliger Lage auf einer Kalksteinklippe hoch über der Karibik thronen die Pyramiden von Tulum. Mexikos einzige Mayaanlage am Meer stammt aus der postklassischen Epoche und wurde erst ab 1000 erbaut, vermutlich als Handelshafen an der Ostküste. Zur Landseite ist sie mit einer mächtigen Mauer umgeben, ein Verteidigungswall, zu dem einst noch ein Wehrgang gehörte. Als religiöses Zentrum der Maya war Tulum noch bei der Ankunft der Spanier bewohnt. Das schönste Gebäude, das von Ansichtskarten jedem Mexikobesucher bekannte *El Castillo,* ragt an der höchsten Stelle der Anlage über den Klippen auf. Geh um das Bauwerk herum, eine (mitunter gesperrte) Holztreppe führt hinunter zum Strand. *Tgl. 8–17 Uhr | ⏱ 2½ Std.* Tulum ist heute ein angesagtes Ziel junger, gut betuchter Reisender, die das exquisite Spa-Angebot nutzen, sich zu Partys treffen. Am weißen Karibikstrand entstanden Dutzende stylishe, im Ethnostil designte und mit Palmblättern gedeckte Hotels. Was so einfach, teils sogar primitiv aussieht, kostet während der Saison Hunderte von US-Dollar pro Übernachtung.

Spitze ist das ☂ *Maya-Spa (Maya Tulum Resort | Carretera a Boca Paila | mayatulum.com/spa),* das morgendliche Yogastunden, Massagen sowie weitere Treatments anbietet und auch ein *temazcal,* eine indianische Schwitzhütte, besitzt.

Damian Lazarus und andere DJ-Superstars legen zwischen November und März bei Jungle Raves und Partys am Meer auf. ▢ S9

INSIDER-TIPP
Raven, was das Zeug hält

7 COBÁ ⭐

100 km von Playa del Carmen entfernt, 1½ Std. Autofahrt über Tulum

Eine der weniger bekannten Pyramidenstätten: In dichtem Urwald und zwischen fünf Dolinenseen liegen die noch wenig erforschten Ruinen von Cobá. Erbaut wurde die Zeremonialstätte während der klassischen Mayaperiode von 600 bis 900. Rund 40 000 Menschen sollen hier gelebt haben.

Fünf Gebäudegruppen können besichtigt werden. Zunächst passierst du die zwischen zwei Seen ruhende Gruppe Cobá. Sie wird beherrscht von der 24 m hohen Pyramide *La Iglesia.* Fast doppelt so hoch ist die zur 2 km nordöstlich gelegenen Gruppe Nohoch Mul gehörende Pyramide *El Castillo.* 128 Stufen führen zur Spitze. Sie zu bezwingen, lohnt sich nicht nur wegen des Rundblicks, sondern auch wegen des Tempels auf der Plattform. Wer an unrestaurierten, von Kletterpflanzen bewachsenen Ruinen interessiert ist, besucht die drei weiteren Gruppen *Las Pinturas, Macanxoc* und *Chumuc Mul.* *Tgl. 8–18 Uhr | ⏱ 3 Std. | ▢ R8*

ERLEBNIS TOUREN

Lust, die Besonderheiten der Region zu entdecken? Dann sind die Erlebnistouren genau das Richtige für dich! Ganz einfach wird es mit der MARCO POLO Touren-App: Die Tour über den QR-Code aufs Smartphone laden – und auch offline die perfekte Orientierung haben.

❶ MEXIKO PERFEKT IM ÜBERBLICK

➤ **Unterwegs unter Cowboys**
➤ *café con leche* **auf der kolonialen Plaza trinken**
➤ **Einkaufen beim indianischen Händler**

📍 Chihuahua	🏁	Cozumel
→ knapp 6000 km	🚌	25 Tage, reine Fahrzeit 1 Woche

ℹ Achtung, wo nicht anders angegeben, wird der jeweils nächste Ort der Tour mit dem Bus angesteuert.

Nächster Halt Kupferschlucht: Am Zug warten Tarahumara-Souvenirverkäuferinnen

SO GEHT WILDE EISENBAHNROMANTIK

Von der Cowboystadt ❶ Chihuahua ➤ S. 103 *bringt dich die legendäre Chepe-Eisenbahn* durch alle Klimazonen des Landes, die Wildnis der Sierra Madre und die Kupferschlucht ❷ Barranca del Cobre ➤ S. 106 *nach Los Mochis* am Pazifik. Übers Wasser geht es dann *mit der Fähre nach La Paz* in Baja California und *mit dem Bus weiter an die Südspitze der Halbinsel,* in die Wüstenmetropole ❸ Cabo San Lucas ➤ S. 99 mit Traumstränden und meterhohen Kandelaberkakteen in der Umgebung.

Mit der Fähre gelangst du zurück zur Pazifikküste nach ❹ Mazatlán ➤ S. 80. Lass dir in der Hauptstadt des Garnelenfangs die *gambas a la plancha* nicht entgehen. In ❺ Puerto Vallarta ➤ S. 82 locken internationales Strandleben und ein Ausritt in den Dschungel ebenso wie die koloniale Altstadt.

UND JETZT AUF INS HOCHLAND

Im Hochland liegt ❻ Guadalajara ➤ S. 71 mit prächtigen Palästen der Kolonialzeit. Highlight ist u. a. das ehemalige Waisenhaus Instituto Cultural Cabañas, wo dich das berühmte *mural* von José Clemente Orozco in der Kuppel beeindrucken wird.

TAG 1–3
❶ Chihuahua
354 km 6 Std.
❷ Barranca del Cobre
774 km 12½ Std.
❸ Cabo San Lucas
630 km 10 Std.

TAG 4–7
❹ Mazatlán
439 km 5½ Std.
❺ Puerto Vallarta
346 km 4½ Std.

TAG 8
❻ Guadalajara
277 km 3 Std.

Flair im Süden: Vor Oaxacas Dominikanerkloster werfen Flammenbäume ihre Schatten

TAG 9
❼ Guanajuato

77 km 1¼ Std.

Lebensart und Charme verrät die jahrhundertealte Architektur in ❼ Guanajuato ➤ S. 66. Einige der engen Straßen führen unter die Erde, durch den stillgelegten Flusslauf und ehemalige Bergwerksschächte. Auf den zahlreichen *plazas* speist man mittags genussvoll unter Einheimischen.

KOLONIALCHARME GENIESSEN

TAG 10–11
❽ San Miguel de Allende

72 km 1¼ Std.

❾ Querétaro

227 km 2¾ Std.

In der Künstlerhochburg ❽ San Miguel de Allende ➤ S.64 locken Cafés, Restaurants und Hotels mit altspanischem Flair, das durch die internationalen Besitzer mit extravagantem Design ergänzt wird. Im benachbarten ❾ Querétaro ➤ S. 62 führt dich der erste Stadtspaziergang zu den Arkadenrestaurants; danach lässt du dir von einem Guide erklären, was es mit dem großartigen Convento de la Cruz auf sich hat.

EINE MARGARITA IN MEXIKO-STADT

TAG 12–13
❿ Mexiko-Stadt

417 km 7 Std.

Das Centro Histórico von ❿ Mexiko-Stadt ➤ S. 44 ist Unesco-Welterbe. *Der Prachtboulevard Paseo de la Reforma führt dich zum* Museo Nacional de Antropología – absolutes Muss, um einen ersten Eindruck von den präkolumbischen Kulturen Mexikos zu erhalten. Abends darf es dann eine *margarita* in einer coolen Bar sein.

VON ZAPOTEKENTEMPELN UND MAYAPYRAMIDEN

Von Mexiko-Stadt erreichst du ⑪ **Oaxaca** ➤ S. 112 *mit dem Flugzeug.* Indianische Kultur und koloniale Bauten prägen die alte Stadt, wo du zum **Museo de las Culturas de Oaxaca** im stimmungsvollen alten Dominikanerkloster bummelst. *Nur 10 km südwestlich* thront spektakulär auf einer abgetragenen Bergkuppe die präkolumbische Zeremonialstätte **Monte Albán**, die mit ihren gewaltigen Pyramiden und Tempeln beeindruckt.

⑫ **San Cristóbal de las Casas** ➤ S. 117 ist für die in den umliegenden Dörfern lebenden *indígenas* das kulturelle und wirtschaftliche Zentrum. Zum **Na-Bolom-Museum** pilgern alle an der indianischen Kultur Interessierten. Im dichten Regenwald liegen *200 km nordöstlich* die Mayapyramiden und -tempel des legendären ⑬ **Palenque** ➤ S. 122.

Von Palenque aus fährst du südöstlich in die im Urwald verborgene Mayastätte ⑭ **Bonampak** ➤ S. 125 und unternimmst eine abenteuerliche Bootsfahrt auf dem Grenzfluss zu Guatemala ins ebenfalls im Dschungel

TAG 14–15
⑪ Oaxaca

616 km 9 Std.

TAG 16–18
⑫ San Cristóbal de las Casas

226 km 3¾ Std.

⑬ Palenque

154 km 2½ Std.

TAG 19–21
⑭ Bonampak

64 km 2¼ Std.

⑮ **Yaxchilán**

542 km 9 Std.

⑯ **Campeche**

178 km 2¾ Std.

TAG 22–23

⑰ **Mérida**

123 km 1¾ Std.

⑱ **Chichén Itzá**

199 km 2¼ Std.

TAG 24–25

⑲ **Cancún**

116 km 5½ Std.

⑳ **Cozumel**

gelegene präkolumbische ⑮ Yaxchilán ➤ S. 124. Meterdicke Bastionen wiederum bestimmen das Stadtbild von ⑯ Campeche ➤ S. 140. In der stimmungsvollen Altstadt wurden zwei Herrenhäuser in ein Kulturzentrum mit Kunsthandwerksgeschäft verwandelt. Bei der abendlichen Show *luz y sonido* wird die wilde Zeit der Piraterie noch einmal zum Leben erweckt.

RHYTHMUS BEWEISEN IN MÉRIDA

Um die zentrale *plaza* von ⑰ Mérida ➤ S. 141 gruppieren sich die schönsten Gebäude der Stadt; am Wochenende treffen sich hier die Bewohner zum Tanzen unter Sternen. Lass dich von der Stimmung anstecken! Von Mérida aus geht es zu den weltberühmten Pyramiden von ⑱ Chichén Itzá ➤ S. 143, die du bei einem mehrstündigen Spaziergang erkundest. Wunderschöne Gästehaciendas laden in der Umgebung zum Übernachten ein.

FINALMENTE: STRANDTAGE IN YUCATÁN

Das nächste Ziel sind ⑲ Cancún ➤ S. 144 und die sich südlich anschließende Riviera Maya. Freu dich auf Bilderbuchstrände, relaxen und genießen am Karibischen Meer. Tags darauf bringt dich die Fähre auf die Insel ⑳ Cozumel ➤ S. 149, deren vorgelagertes Korallenriff ein weltbekanntes Ziel für Taucher ist.

❷ KOLONIALSTÄDTE IM ZENTRALEN HOCHLAND

➤ Das Herz der Pyramide erforschen
➤ Heiße Schwefelbäder genießen
➤ Mit der Pferdekutsche zur alten Hacienda zuckeln

📍 Mexiko-Stadt

🏁 Mexiko-Stadt

🔄 knapp 600 km

🚗 5 Tage, reine Fahrzeit 8–12 Stunden

EIN SCHÖNER ABSTECHER IN DIE PROVINZ

Du verlässt ❶ *Mexiko-Stadt* ▶ *S. 44 in östlicher Richtung und fährst auf der Autobahn MEX 150 D Richtung Puebla* mit großartiger Sicht auf die Vulkane Popocatépetl und Iztaccíhuatl. *Nach ca. 100 km unternimmst du bei San Martín einen Abstecher nach Norden* in das entzückende Provinzstädtchen ❷ Tlaxcala. Von der Autobahn führt die Straße in die 2400 m hoch gelegene Hauptstadt (84 000 Ew.) des gleichnamigen kleinen Bundesstaats.

Schon bald nach ihrer Ankunft in Mexiko hatten die Spanier hier eine Siedlung errichtet, deren Gebäude in der Altstadt perfekt restauriert bzw. im alten Stil wiederaufgebaut wurden. Am Zócalo steht der Palacio de Gobierno mit reich dekorierter Fassade sowie kunstvollen Fenstern und Türen; im Inneren entführen dich *murales* in die Welt der Tlaxcalteken-Indianer. Eine starke Atmosphäre prägt das historische Regionalmuseum, das im alten Franziskanerkloster Convento de San Francisco untergebracht ist. Und *2 km östlich der Stadt* erhebt sich auf einem Hügel das Santuario de Ocotlán, eine Barockkirche aus dem 17./18. Jh., die wegen ihrer besonderen Schönheit Besucher von weit her anzieht.

TAG 1

❶ **Mexiko-Stadt**

116 km 1½ Std.

❷ **Tlaxcala**

35 km 30 Min.

UNSCHLAGBARE ALTSTADT

Über die Straße 119 gelangst du dann nach ❸ Puebla ➤ S. 54. Für die Besichtigung der Altstadt kannst du locker einen ganzen Tag veranschlagen. Auch weil man unterwegs immer wieder auf süße Cafés, stimmungsvolle Restaurants und *plazas* trifft. Ganz klar: Zur Übernachtung sollte es am besten eine Adresse in der Altstadt sein.

EINMAL ZUM MAYAFORSCHER WERDEN

Auf dem Weg *über die MEX 190 gen Süden* ist ein Abstecher nach ❹ Cholula ➤ S. 56 Pflicht: Die dortige große Pyramide hat in ihrem Inneren Gänge, die man betreten kann. Trau dich und erkunde die engen und niedrigen, dunklen Tunnelwege innerhalb der Pyramide. Cholula besitzt auch viele beeindruckende Kirchen. Die berühmteste, Santa María de Tonantzintla, solltest du dir unbedingt anschauen. Im Innenraum sieht alles etwas anders aus als in Europa. Kein Wunder, denn es waren indianische Künstler, die den fantastischen Detailreichtum schufen.

Weiß und wendig: Taxi in Taxco

FRISCH GEBADET ZUM FINE DINING

In ❺ Cuautla (145 000 Ew.) auf 1300 m Höhe bewegst du dich inmitten vieler urlaubender mexikanischer Familien und Paare, die die historischen schwefelhaltigen Bäder um den Río Cuautla herum genießen. Danach kommt das gebügelte Hemd zum Einsatz: Du steuerst die *bei Cuautla liegende* ❻ Hacienda Cocoyoc *(Tel. 01735 3 56 22 11 | cocoyoc.com.*

mx | €€€) an. Die inmitten eines Parks mit Aquädukt und Wasserfall gelegene Anlage aus dem 16. Jh. ist zwar etwas in die Jahre gekommen, aber dennoch eines der stilvollsten Hotels Mexikos – hier zu lunchen, ist ein kleines Erlebnis!

Du übernachtest in **❼ Cuernavaca**, der in 1540 m Höhe gelegenen „Stadt des ewigen Frühlings", die schon Alexander von Humboldt schätzte. Das angenehme Klima verlockt zu einem Spaziergang durch das hügelige Cuernavaca zu der *am östlichen Stadtrand gelegenen* **Pyramide von Teopanzolco**. Zum Abendessen hast du die Qual der Wahl unter zahlreichen schönen Restaurants in kolonialen Patiohäusern.

ALLES SILBER, WAS GLÄNZT

Von Cuernavaca führt die MEX 95 überwiegend als Autobahn ins südlich gelegene **❽ Taxco** ➤ **S. 57**. Steile Kopfsteinpflastergassen bringen dich zu Silbergeschäften und Kunsthandwerksmärkten. Auf dem **Recorrido Ex-Haciendas Mineras de Taxco** *(100 Pesos | Buchung im Hotel Posada de la Misión | taxcohotel.com/carretas.html)* gelangst du mit einer Pferdekutsche auf dem historischen Camino Real zu ehemaligen Haciendas von Silberminenbesitzern und zu beeindruckenden Ruinen in nahezu unberührter Natur.

INSIDER-TIPP
Mit Pferdestärken unterwegs

KOLONIALE PRACHT IN BESTFORM

Vor der Rückkehr überwältigt **❾ Toluca** (510 000 Ew.) in knapp 2700 m Höhe noch einmal mit reich dekorierten kolonialen Palästen. Im Zentrum des einstigen aztekischen Tollocan stehen aufwendig restaurierte Bauwerke aus dem 18. und 19. Jh. Gleich mehrere davon beherbergen heute Museen. Lust auf Kultur? Das inspirierende **Museo José María Velasco** *(Di–So 10–18 Uhr | Avenida Lerdo de Tejada Poniente 400)* mit Zeichnungen und Gemälden des großen mexikanischen Künstlers lohnt sich. Großartig sind auch die vielen Arkadengänge – besonders kunstvoll an der Plaza Fray Andrés de Castro. Sie bieten nicht nur Schutz vor Sonne und Regen, sondern sind auch ideale Orte für Lieblingscafés. Eine schöne Unterkunft ist das von kunstvollen Gärten umgebene **Quinta del Rey Hotel** *(quintadelrey.com.mx)*.

Am nächsten Morgen sind es dann von Toluca *über die Autobahn MEX 15 nur noch knapp 70 km zurück nach* **❶ Mexiko-Stadt**.

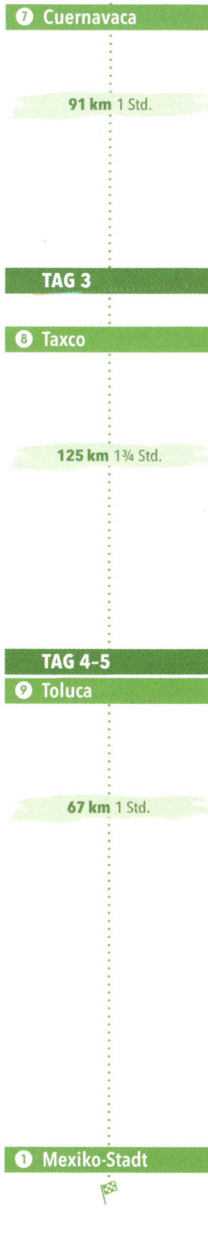

❼ Cuernavaca

91 km 1 Std.

TAG 3

❽ Taxco

125 km 1¾ Std.

TAG 4–5

❾ Toluca

67 km 1 Std.

❶ Mexiko-Stadt

❸ AUF DER TRANSPENINSULAR IN BAJA CALIFORNIA

➤ Auf Tuchfühlung mit Grauwalen gehen
➤ Endlose Wälder von Kandelaberkakteen fotografieren
➤ Feiern am Ende der Welt

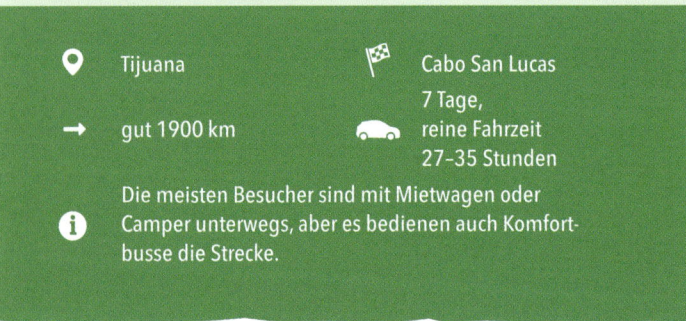

📍	Tijuana	🏁	Cabo San Lucas
			7 Tage,
→	gut 1900 km	🚗	reine Fahrzeit 27–35 Stunden

ℹ️ Die meisten Besucher sind mit Mietwagen oder Camper unterwegs, aber es bedienen auch Komfortbusse die Strecke.

TAG 1
❶ **Tijuana**
109 km 1½ Std.

❷ **Ensenada**
33 km 30 Min.

❸ **Punta la Banda**

651 km 9¾ Std.

DIE WALE RUFEN

Die anstrengende Millionenstadt ❶ Tijuana ➤ S. 98 an der Grenze zu den USA *verlässt du Richtung Süden und gelangst nach gut 100 km* in die Hafenstadt ❷ Ensenada (260 000 Ew.) am Nordende der großen, halbkreisförmigen Bahía Todos los Santos. Du bist zwischen November und März unterwegs? Großartig, denn das ist die beste Zeit für eine Walbeobachtungstour, da dann Grauwale, Buckelwale und auch Finn- und Blauwale die Gewässer vor der Küste als Winterquartier ansteuern. Während der übrigen Zeit kannst du das Wissenschaftsmuseum Caracol *(Di–Fr 9–17, Sa/So 12–17 Uhr | Calle Club Rotario 3 | caracol.org.mx)* besuchen, das sich auf Grauwale spezialisiert hat.

16 km südlich von Ensenada führt ein Abzweig nach Westen auf die Halbinsel ❸ Punta la Banda zum Geysir La Bufadora. Hier wird das Meerwasser in eine Unterwasserhöhle gepresst und schießt als Fontäne nach oben. Übernachten kannst du *in Ensenada* im Villa Fontana Inn *(villafontana.com.mx)*, das im Floridastil aus Holz gestaltet ist.

WO DIE KAKTEEN IN DEN HIMMEL RAGEN

Die Straße nach Süden verläuft bis El Rosario an der Westseite, wendet sich dann ins Landesinnere. Jetzt geht es durch den größten Kakteengarten Mexikos. Hier in der kargen Wüstenlandschaft findest du sie in allen möglichen Formen und Größen, darunter auch die bis zu 20 m hohe Art Saguaro. *Wieder an der Westküste,* triffst du bei ❹ Guerrero Negro auf den Naturpark Santuario de ballenas de El Vizcaíno, dessen weitläufige Lagunen optimale Möglichkeiten zur Walbeobachtung garantieren. Übernachten kannst du hier im gut geführten Motel The Halfway Inn *(halfwayinnhotel.com).*

COOLE TYPEN MITTEN IM NIRGENDWO

Am nächsten Morgen *durchquerst du auf der MEX 1 die Halbinsel und erreichst nach rund 165 km* ❺ San Ignacio (750 Ew.), eine von Palmenhainen umgebene Oase und frühere Jesuitenmission. Die Atmosphäre mag etwas trostlos erscheinen, doch in den Cafés des Orts triffst du auf coole Typen und Baja-Fahrer, mit denen man schnell ins Gespräch kommt. *An der Ostküste* erreichst du dann ❻ Santa Rosalía. Das 1885 von französischen Bergwerkern gegründete Städtchen bezaubert durch seinen ganz eigenen, provinziellen Charme. Bei einem kalten Bier spülst du dir den Staub aus den Lungen und quatschst

TAG 2

❹ **Guerrero Negro**

166 km 2½ Std.

TAG 3

❺ **San Ignacio**

76 km 1¼ Std.

❻ **Santa Rosalía**

399 km 5 Std.

Bitte nicht streicheln: Whalespotting vor der Baja California

0302350214-5

mit schrägen Leuten über Gott und die Welt. Für die Nacht kannst du z. B. im direkt am Meer gelegenen **Las Casitas Santa Rosalía** *(Tel. 01615 1 52 30 23)* einchecken.

TAG 4

❼ **San Carlos**

269 km 4¼ Std.

In einem Bogen führt die Straße gut 200 km später wieder hinüber zur Westküste – mach hier einen Abstecher nach ❼ **San Carlos** ➤ **S. 103**, wo sich noch einmal die Gelegenheit bietet, Grauwale zu beobachten. Zum Übernachten empfiehlt sich hier das **Villas Isabela B & B** *(magdalenabaywhales.com/hotel)*.

TAG 5

❽ **La Paz**

189 km 3 Std.

WÜSTENFEELING BIS ANS MEER

❽ **La Paz** ➤ **S. 102** ist der richtige Ort, um vom kristallklaren Wasser aus die wüstenartige, bis an die Küste heranreichende Landschaft zu fotografieren. In der Marina dümpeln stets Ausflugsboote, wirst du von Guides angesprochen, die mit dir eine Tour unternehmen wollen. Das **Hotel Miramar** *(hotelmiramarlapaz.com)* empfängt dich nur 100 m entfernt von der Uferpromenade.

TAG 6-7

❾ **San José del Cabo**

33 km 30 Min.

❿ **Cabo San Lucas**

DAS HAST DU DIR VERDIENT

In ❾ **San José del Cabo** ➤ **S. 99** locken unzählige Restaurants, Bars und Cafés zum Genießen. Das *nur noch 32 km entfernte* ❿ **Cabo San Lucas** ➤ **S. 99** bildet den Endpunkt der Tour. Das Gefühl, am Ende der Welt und gleichzeitig an einem echten Hotspot zu sein, ist cha-

rakteristisch für den Ort. Genug geschlemmt und gefeiert? Dann nichts wie auf zu einer frühmorgendlichen
Jeepsafari, um den Sonnenaufgang in der Wüste zu
erleben. Großartig!

❹ VOM HOCHLAND VON CHIAPAS AN DEN GOLF VON MEXIKO

➤ Im Wasserfall baden
➤ Webarbeiten von Indios kaufen
➤ Indiana Jones spielen im Regenwald

📍	Tuxtla Gutiérrez		Villahermosa
→	gut 500 km	🚗	4 Tage, reine Fahrzeit 10–12 Stunden

ℹ In ❾ **Villahermosa** kannst du abends weiterfliegen
nach Mérida – empfehlenswert für alle, die eine
Übernachtung im schwülheißen und moskitoreichen
Villahermosa vermeiden möchten.

TAG 1
❶ Tuxtla Gutiérrez
14 km 15 Min.
❷ Chiapa de Corzo
18 km 1¼ Std.
❸ Cañón del Sumidero
71 km 2 Std.
❹ San Cristóbal de las Casas
108 km 1¾ Std.

TAG 2-3
❺ Toniná
76 km 1¼ Std.

SPEAKTAKULÄRE NATUR, FREMDE KULTUR

❶ Tuxtla Gutiérrez, die Hauptstadt von Chiapas, ist schnell verlassen. Nach einem Rundgang um die Plaza in ❷ Chiapa de Corzo ➤ S. 121 *bummelst du zum Flussufer* und besteigst dort eines der Boote für eine mehrstündige Tour in den ❸ Cañón del Sumidero ➤ S. 121 – Kamera bereithalten! *Noch am selben Nachmittag erreichst du dann das herrlich gelegene* ❹ San Cristóbal de las Casas ➤ S. 117, sozusagen Mexikos Indiohauptstadt. Man erkennt die Zugehörigkeit der Menschen zu den unterschiedlichen Gruppen an ihrer jeweiligen Tracht. Zahlreiche restaurierte Kolonialhäuser, in denen ab Sonnenuntergang ein offenes Feuer wärmt, versprechen eine romantische Übernachtung.

DIE VERSUNKENE WELT DER MAYA

Es geht abwärts: *von San Cristóbal auf gut 2100 m ins fast 2000 m tiefer gelegene Palenque. Unterwegs führt dich in Ocosingo ein Abstecher nach* ❺ Toniná zu einem Zeremonialzentrum der Maya mit kleinem Museum. Wie eine Festung liegt die Pyramide mit dem Haupttempel auf einem Hügel. Die meisten Bauwerke sind noch von dichter Vegetation bedeckt. Die Besonderheit von

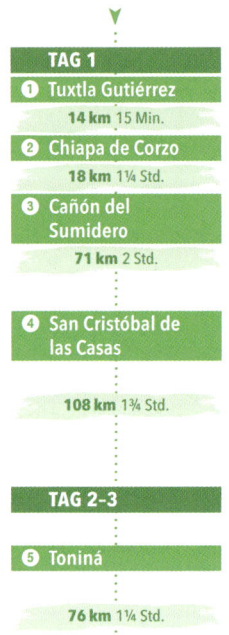

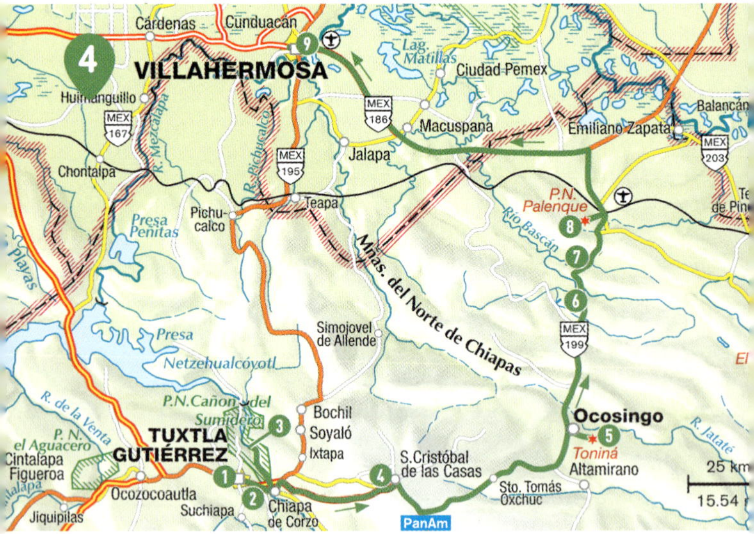

Toniná („steinernes Haus") sind die diversen Rundsteine und -skulpturen.

WASSERRAUSCHEN IM WALD, GEBRÜLL BEI DEN PYRAMIDEN

60 km vor Palenque liegen abseits der Straße die Wasserkaskaden von ❻ Agua Azul ➤ S. 124. Such dir ein nettes Plätzchen und pack dein mitgebrachtes Picknick aus! *45 km weiter* stürzt der Wasserfall ❼ Misol-há aus 30 m Höhe in einen von dichtem Grün umrahmten See. Gibt es einen romantischeren Ort für ein erfrischendes Bad? Sei vorsichtig, damit du beim Spaziergang auf den schmalen, rutschigen Pfaden, die in nächster Nähe unter der Klippe und hinter den herabstürzenden Wassermassen vorbei durch die Regenwaldlandschaft führen, nicht ausrutschst. Im kleinen

Für alle Fotojäger: Im Cañon del Sumidero gibt's spektakuläre Motive

Welcome Center gibt es einen Saft aus Urwaldbeeren, in einfachen Restaurants serviert man dir gebackene Bananen und Tacos. In ❽ Palenque ➤ S. 122 quartierst du dich dann für zwei Nächte ein, um am nächsten Tag in Ruhe die einzigartigen Bauwerke der Maya bestaunen zu können. Unüberhörbar ist das Gebrüll, das nach Raubkatzen klingt. Aber du kannst dich entspannen, das sind nur Brüllaffen!

WER WAREN NUR DIESE OLMEKEN?

Früh am Morgen verlässt du Palenque, damit genügend Zeit bleibt, die geheimnisvolle Kultur der Olmeken in ❾ Villahermosa ➤ S. 134 beim Besuch des Freilichtmuseums im Parque Museo La Venta zu ergründen. Wer waren die Erbauer dieser rätselhaften, viele Tonnen schweren Skulpturen? Nach einem Mittagessen in tropischer Atmosphäre – unbedingt den *pejelagarto* (Knochenhecht) probieren! – gibt es zu den Olmeken etwas Aufklärung im tollen CICOM-Museum in wunderschöner Lage am Fluss.

INSIDER-TIPP
Ein steiler Hecht

❻ Agua Azul	
45 km 1 Std.	
❼ Misol-há	
28 km 40 Min.	
❽ Palenque	
149 km 2½ Std.	
TAG 4	
❾ Villahermosa	

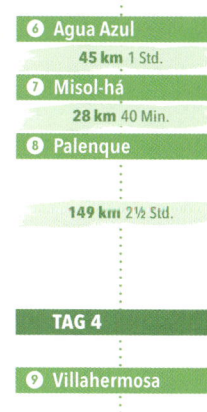

GUT ZU WISSEN

DIE BASICS FÜR DEINEN URLAUB

ANKOMMEN

**– 7 Stunden
Zeitverschiebung**

Im Westen minus 8 bzw. 9 Stunden. Sommerzeit vom ersten Aprilsonntag bis zum letzten Oktobersonntag.

Adapter Typ A

Die Netzspannung in Mexiko beträgt 110 Volt (manchmal 125). Du benötigst einen US-Flachstecker.

ANREISE

Diverse Fluggesellschaften verkehren von Europa nach Mexiko, jeden Tag hast du die Auswahl unter mehreren Flügen. Lufthansa fliegt täglich von Frankfurt nach Mexiko-Stadt, Air France und Aeroméxico täglich über Paris nach Mexiko-Stadt. Condor fliegt mehrmals wöchentlich von Deutschland nach Cancún. Für ein Retourticket zahlt man bei Linienflügen je nach Saison ab 700 Euro. Der Flug dauert zehn bis 14 Stunden, je nach Art der Zwischenlandung.

Vom Flughafen von Mexiko-Stadt fahren mehrmals täglich Busse nach Cuernavaca, Córdoba, Puebla, Querétaro und Toluca ab *(von Terminal 1, Halle F oben, bei Puerta 7)*.

INSIDER-TIPP
Kolonialpaläste, ich komme!

In der Ankunftshalle im Flughafen von Mexiko-Stadt wird man von einer Reihe „schwarzer" Taxifahrer angesprochen. Deren Angebote solltest du aus Sicherheitsgründen ablehnen, auch wenn sie preislich attraktiv klingen. Am Ausgang befindet sich ein Schalter, wo du ein Taxiticket erhältst. Dort zahlst du feste Preise für unterschiedliche Zonen.

Oldie but Goldie: Ein Käfer düst durch Valladolid auf der Yucatán-Halbinsel

EINREISEBESTIMMUNGEN
Für die Einreise nach Mexiko benötigst du einen Reisepass und eine Touristenkarte, die du von einem mexikanischen Konsulat oder der Fluggesellschaft bekommst. Eine Kopie verbleibt im Pass, sie muss bei der Ausreise wieder vorgelegt werden.

KLIMA & REISEZEIT
Regenzeit herrscht in Mexiko von Mai bis Oktober. Im zentralen Hochland beschränkt sich der Regen auf Nachmittagsschauer, in Chiapas und an der Karibik regnet es mehr. An der Karibikküste wüten zwischen August und September Hurrikane. Sie bringen viel Regen und machen eventuell einen Umzug ins Landesinnere notwendig. Beste Reisezeit sind daher die europäischen Wintermonate, wobei du jedoch Weihnachts- und Osterzeit sowie die Wochen der US-*spring break* meiden solltest, da zu diesen Terminen sehr viele junge US-Touristen im Land unterwegs sind. Viele Hotels und Flüge sind dann ausgebucht, Restaurants und Busse überfüllt und die Preise verdoppelt.

WEITER-KOMMEN

AUTO & MIETWAGEN
Der nationale Führerschein reicht zwar aus, der internationale ist jedoch von Vorteil, wenn du ein Auto mietest oder in eine Polizeikontrolle kommst. Neben den großen internationalen Autovermietungen gibt es viele preiswerte lokale Firmen, bei denen allerdings eine genaue Prüfung des Fahrzeugs vor der Übergabe unerlässlich ist. Oft ist es günstiger und sicherer, bereits zu Hause zu reservieren. Wer mit dem

Mietwagen unterwegs ist, sollte sich peinlich genau an die Verkehrsvorschriften halten. Den Pannendienst *Ángeles Verdes* („Grüne Engel") erreichet man über *Tel. 0 78.*

ÖFFENTLICHE VERKEHRSMITTEL

Die mexikanische Eisenbahn ist nach der Privatisierung fast stillgelegt. Es verkehren nur noch wenige Züge. Der *autobús,* in Mexiko auch *camión* genannt, erreicht praktisch jeden Ort mehrere Male pro Tag. Viele private Busgesellschaften bieten ihre preiswerten Dienste in zwei bis drei Klassen an. Buch stets die beste verfügbare Klasse, z. B. haben *Ejecutivo*-Busse bequeme, verstellbare Sitze und Bordtoiletten. Der Fahrscheinkauf am Vortag ist empfehlenswert. Nachtfahrten solltest du vermeiden, da das Risiko von Diebstählen und Raubüberfällen dann zu groß wird.

Zwischen La Paz (Fährhafen Pichilingüe) in Baja California und dem Fährhafen Topolobampo bei Los Mochis verkehrt *Baja Ferries (bajaferries.com)* siebenmal wöchentlich (Dauer der Überfahrt: 6 Std.); eine weitere Fähre geht von La Paz nach Mazatlán.

Die etwa 50 Flughäfen werden von privaten Fluggesellschaften bedient. Wer lange Busfahrten meiden will, hat die Wahl unter folgenden Low-Cost-Airlines: *Volaris (volaris.com.mx), Viva Aerobus (vivaaerobus.com)* und *Interjet (interjet.com.mx).*

TAXI

Wenn ein Taxameter eingeschaltet ist, ist das Taxifahren sehr preiswert (1 km ca. 0,70–0,90 Euro). Andernfalls den Preis unbedingt vorher vereinbaren (Richtpreise im Hotel erfragen)! In Mexiko-Stadt sollte man die preiswerten ambulanten Taxis (oft VW-Käfer) nicht in der Dunkelheit benutzen.

IM URLAUB

AUSKUNFT

MEXIKANISCHES FREMDENVERKEHRSBÜRO

Klingelhöferstr. 3 | 10785 Berlin | Tel. 030 26 39 79 40 | visitmexico.com

SECRETARÍA DE TURISMO

Avenida Presidente Masaryk 172 | Colonia Chapultepec Morales | 11587 México D. F. | Tel. aus Europa 0052 55 30 02 63 00 | gob.mx/sectur, visit mexico.com

CAMPING

Campingplätze sind meist Plätze für Wohnmobile nach US-Vorbild *(trailer*

FESTE & EVENTS
RUND UMS JAHR

FEBRUAR/MÄRZ

Der ⭐ **Karneval** wird ausgelassen mit bunten Umzügen gefeiert, besonders in Veracruz und Mérida.

MÄRZ/APRIL

Festival Centro Histórico (Mexiko-Stadt), *festival.org.mx*: Musik, Oper, Tanz, Theater, Kabarett – internationale Künstler treten in Kirchen, Theatern, Palästen, auf *plazas* und in Patios auf.

ZWEI LETZTE JULIMONTAGE

Guelaguetza (Oaxaca), *oaxaca-mio. com/fiestas/guelaguetza.htm:* In präkolumbischer Tradition werden indianische Stammestänze zum Leben erweckt.

15. AUGUST

Mariä Himmelfahrt wird überall mit Wallfahrten und Tänzen gefeiert.

OKTOBER

Fiestas de Octubre (Guadalajara), *fiestasdeoctubre.com.mx*: Theater, Hallen, Bars und Bühnen werden zu Pilgerzielen für Fans von Folklore und Artistik, mexikanischem Rock und Pop.

Festival Internacional Cervantino (Guanajuato) *festivalcervantino.gob.mx*: Alles dreht sich um Don Quijote, wenn auf den Straßen musiziert und getanzt wird, Theaterstücke aufgeführt werden.

1./2. NOVEMBER

Todos los Santos und *Día de los Muertos*: An Allerheiligen und Allerseelen (Foto) lernst du den bizarren mexikanischen Totenkult kennen (s. S. 23).

12. DEZEMBER

Aparición de la Virgen de Guadalupe (Mexiko-Stadt)*:* Wallfahrt zur Kirche der Jungfrau von Guadalupe (s. S. 47).

23. DEZEMBER

La Noche de Rábanos („Nacht der Rettiche" in Oaxaca), *oaxaca-mio.com/fiestas/ rabanos.htm*: Gärtner präsentieren aus Blumen, Obst und Gemüse geformte Figuren der Weihnachtsgeschichte. Dazu gibt's ein Abendessen mit Stockfisch.

parks). Richtige Zeltplätze findet man nur selten. Freies Camping solltest du aus Gründen der Sicherheit unbedingt vermeiden!

EINTRITTSPREISE

In bedeutenden Museen und archäologischen Stätten musst du mit 7 bis 15 Euro, in kleineren Stätten und privaten Museen mit 1 bis 5 Euro rechnen. Wo der Eintritt deutlich über diesen Richtwerten liegt, haben wir ihn in diesem Reiseführer jeweils extra genannt.

Der freie Eintritt für archäologische Stätten und staatliche Museen am Sonntag gilt nicht für Touristen, sondern nur für Einheimische und in Mexiko sesshafte Ausländer *(residentes)*.

FEIERTAGE

1. Jan.	*Año Nuevo*
5. Feb.	*Aniversario de la Constitución* (Tag der Verfassung)
21. März	*Natalicio* (Geburtstag) *de Benito Juárez*
1. Mai	*Día del Trabajo*
5. Mai	*Aniversario de la Batalla de Puebla* (Gedenktag des Siegs über die Franzosen 1862)
1. Sept.	*Informe Presidencial* (Bericht des Präsidenten zur Lage der Nation)
16. Sept.	*Día de la Independencia* (am Vorabend des Unabhängigkeitstags wiederholt der Präsident den Aufruf des Paters Hidalgo, den *Grito de Dolores*, vom Balkon des Nationalpalasts)
12. Okt.	*Día de la Raza* (Tag des Beginns der Entstehung des lateinamerikanischen Volks)
20. Nov.	*Aniversario de la Revolución* (Gedenktag an die Revolution von 1910)
25. Dez.	*Navidad*

FOTOGRAFIEREN

Es lohnt sich, Speicherkarten in Mexiko zu kaufen, da sie hier günstiger sind. In Museen darf man nur gegen Gebühr fotografieren. In archäologischen Stätten kosten das Filmen und die Benutzung eines Stativs jeweils eine Extragebühr. *Indígenas* lassen sich nicht gern ablichten, hol vorher unbedingt ihr Einverständnis ein! In einigen Regionen (z. B. in Chiapas) ist generell beim Fotografieren Vorsicht geboten.

FRAUEN ALLEIN UNTERWEGS

In Mittelamerika ist das Alleinreisen nicht so einfach wie in Mitteleuropa: Es hat für mexikanische Männer u. U. bereits einen gewissen Aufforderungscharakter, wenn eine Frau allein unterwegs ist. Bei einer Anmache ist ein klares, schnelles und knappes „¡No, gracias!" ohne Lächeln oft hilfreich. Zudem gilt: Wandere nicht allein im Naturpark und am einsamen Strand und setz dich im Bus immer neben eine Frau!

GELD & WÄHRUNG

Die Abkürzung für den Peso ($) ist dieselbe wie für den US-Dollar; daher bei Preisschildern stets prüfen, welche Währung gemeint ist! Es ist oft nützlich, kleinere Dollarscheine dabeizuhaben. Größere Hotels und Autovermietungen akzeptieren die gängigen Kreditkarten, das Gleiche gilt für die teureren Geschäfte und Restaurants in den Städten. Die Zahl der Geldautomaten, an denen man mit Kreditkarte und ec-Karte mit Maestrosignet (günstigster Kurs) Bargeld erhält, nimmt zu.

Ein Euro entspricht ca. 20 Peso, einen Online-Währungsrechner mit dem tagesaktuellen Wechselkurs findest du z. B. auf *oanda.com*.

INTERNETZUGANG & WLAN

In den Städten entstehen nach wie vor Internetcafés, die genauso schnell wieder verschwinden können. Wlan gibt es in Hotels, Restaurants und Cafés sowie mittlerweile auch in vielen Gemeinden, häufig im Bereich um den Zócalo. Ein Verzeichnis von Wlan-Plätzen findest du auf *hotspot-locations.com*.

ÖFFNUNGSZEITEN

Geschäfte machen mittags Pause (ca. 13–16 Uhr) und haben abends lange auf; gesetzlich geregelte Ladenschlusszeiten gibt es nicht.

POST

Die Post heißt *correo;* es empfiehlt sich, Ansichtskarten im Hotel in den Briefkasten zu stecken bzw. an der Rezeption abzugeben. Post nach Europa dauert ab einer Woche, mitunter benötigen Karten auch mehrere Wochen. Eine Luftpostkarte *(por avión)* nach Europa kostete bei Redaktionsschluss 18 Pesos Porto.

TELEFON & HANDY

Überall im Land gibt es Telefonzellen, in denen man mit Telefonkarten (zu 30, 50, 100 Pesos) telefonieren kann. Eine Minute nach Europa kostet 20 Pesos, ein Ortsgespräch 1 Peso. Bei Telefonaten vom Hotel kommt zu den Gebühren noch eine Luxussteuer hinzu.

Wenn du dein Handy nutzen willst, lohnt sich eine mexikanische Prepaidkarte der Gesellschaft *Telcel (telcel.com),* die du am Flughafen und in Telcel-Lä-den bekommst; sie kostet zwischen 15 und 40 US-$ – mit Gesprächsguthaben bis zur Hälfte des Kaufpreises.

Vorwahl Deutschland *0049*, Österreich *0043*, Schweiz *0041*, Mexiko *0052*, dann die Ortsvorwahl ohne die 01 vorweg eingeben.

TRINKGELD

Im Restaurant sind 10 bis 15 Prozent üblich, falls nicht schon eine *propina* in der Rechnung ausgewiesen ist. Taxifahrer erwarten kein Trinkgeld. Mit 10 Pesos sind kleinere Gefälligkeiten normalerweise ausreichend abgegolten.

WAS KOSTET WIE VIEL?

Kaffee	1,50–2 Euro *für einen café de olla*
Snack	1,50–2 Euro *für einen Taco am Stand*
Bier	1,50–2 Euro *für eine Dose*
Souvenir	ab 20 Euro *für eine Hängematte*
Benzin	um 0,90 Euro *für 1 l*
Busfahrt	8–12 Euro *für 100 km in der 1. Klasse*

ÜBERNACHTEN

Jugendherbergen findest du unter *mundojovenhostels.com;* eine Übernachtung kostet 6–10 Euro. Auch B & B hat sich durchgesetzt. Feine kleinere, typisch mexikanische Boutiquehotels haben sich unter *hotelesboutique.com* zusammengeschlossen. Bei der Suche nach Haciendahotels ist *privatehacien das.com* hilfreich. Hotels aller Preisklassen listet *bestday.com.mx* auf. WWOOF Mexico *(World-Wide Opportunities on Organic Farms | wwoofmexico.org)* vermittelt freiwillige Helfer für ökologische Bauernhöfe in ganz Mexiko.

ZOLL

Bei der Einreise sind Waren bis zum Wert von 300 US-$ zollfrei, bei Rückkehr in die EU u. a. 1 l Spirituosen sowie andere Waren bis 430 Euro Warenwert. Verboten ist die Ausfuhr von Antiquitäten und „Bruchstücken" aus archäologischen Stätten. *short.travel/mex7, zoll.de*

NOTFÄLLE

DIPLOMATISCHE VERTRETUNGEN

DEUTSCHE BOTSCHAFT
MEXIKO-STADT
Avenida Horacio 1506 | Colonia Polanco | Tel. 0155 52 83 22 00 | mexiko.diplo.de

ÖSTERREICHISCHE BOTSCHAFT
MEXIKO-STADT
Sierra Tarahumara Poniente 420 | Colonia Lomas de Chapultepec | Tel. 0155 52 51 08 06 | embajadadeaustria. com.mx

SCHWEIZER BOTSCHAFT
MEXIKO-STADT
Torre Óptima, 11. Stock | Paseo de las Palmas 405 | Colonia Lomas de Chapultepec | Tel. 0155 91 78 43 70 | eda.admin.ch/mexico

GESUNDHEIT

Impfvorschriften für die Einreise gibt es keine. Das Malariarisiko ist sehr gering. Vorsorge gegen Typhus und Hepatitis wird empfohlen. Eine Reisekrankenversicherung mit Rücktransport ist unbedingt ratsam. Sonnencreme und Insektenschutzmittel gehören auf jeden Fall ins Reisegepäck.

Im Notfall: *ABC Medical Center, Campus Observatorio | Calle Sur 136 Nr. 116 | Colonia Las Américas | Mexiko-Stadt | Tel. 0155 52 30 81 61 | abchospital.com*

Die mexikanische Apotheke heißt *farmacia* und verkauft die gängigen europäischen Medikamente meist wesentlich preiswerter als zu Hause. Es ist besser, wenn du den Wirkstoff des gewünschten Medikaments kennst, falls dieses einen anderen, mexikanischen Namen hat. Gesundheitstipps für Fernreisende gibt es auf *die-reisemedizin.de,* Impfhinweise unter *crm.de.*

NOTRUF

Feuerwehr und Rettungsdienst: *Tel. 060,* Polizei: *Tel. 080*

Ein gebührenfreies Nottelefon mit einem Infoservice in Englisch und Spanisch erreicht man jederzeit im gesamten Land unter *Tel. 01 80 09 03 92 0.*

WICHTIGE HINWEISE

POLIZEI

Kontakt mit der einheimischen Polizei sollte man möglichst vermeiden, da die Polizisten häufig auf ein „Trinkgeld" aus sind. Bei Problemen wendest du dich besser an Beamte der Touristenpolizei (in blauer Uniform) oder der Autobahnpolizei *(Caminos y Puentes).*

SICHERHEIT

In Mexiko-Stadt musst du gut auf dich und deine Habseligkeiten aufpassen: Das bedeutet: nicht mit einem „freien" Taxi fahren, Wertsachen im Hotel(safe) lassen, wenig Geld und eine Passkopie mitnehmen, besonders aufmerksam im Gedränge von U-Bahn, Bus, Markt oder Busbahnhof sein, Geld und Papiere in einer vorderen Hosentasche tragen. Steig nach 18 Uhr nur in ein gerufenes Funk- oder Hoteltaxi.

Generell gilt: Mexikanische Großstädte (neben Mexiko-Stadt, Tijuana und Acapulco besonders auch Guadalajara und Veracruz) sind kein ungefährliches Pflaster, vom naiven Partymachen ist dort abzuraten. Konsultiere unbedingt vor der Reise die Sicherheitshinweise zu Mexiko auf der Website des Auswärtigen Amts *(auswaertiges-amt.de.*

Leider haben Kriminalität und Gewalt, bedingt durch den lange anhaltenden Drogenkrieg, weiter zugenommen. Besonders die nördlichen, an die USA angrenzenden Bundesstaaten sind betroffen. Auch in Guerrrero sollte man gegenwärtig seine Reisen auf Ixtapa/Zihuatanejo und Taxco beschränken, die Küstenstraße sogar meiden. Generell solltest du Überlandfahrten mit öffentlichen Bussen auf das Notwendigste beschränken und nach Einbruch der Dunkelheit auch mit einem eigenen Auto nicht unterwegs sein.

In Mexiko-Stadt kommt es häufig zu Demonstrationen, die nicht immer friedlich verlaufen. Vermeide Menschenansammlungen!

WETTER IN MEXIKO-STADT

Hauptsaison
Nebensaison

	JAN.	FEB.	MÄRZ	APRIL	MAI	JUNI	JULI	AUG.	SEPT.	OKT.	NOV.	DEZ.
Tagestemperaturen	19°	21°	24°	25°	26°	24°	23°	23°	23°	21°	20°	19°
Nachttemperaturen	6°	6°	8°	11°	12°	13°	12°	12°	12°	10°	8°	6°
Sonnenschein Stunden/Tag	7	8	7	7	7	6	6	7	6	6	6	6
Niederschlag Tage/Monat	2	1	2	6	9	14	19	18	17	8	3	2

Sonnenschein Stunden/Tag   Niederschlag Tage/Monat

SPICKZETTEL
SPANISCH

ja/nein/vielleicht	sí/no/quizás
bitte/danke	por favor/gracias
Hallo!/Auf Wiedersehen!/Tschüss!	¡Hola!/¡Adiós!/¡Hasta luego!
Gute(n) Tag!/Abend!/Nacht!	¡Buenos días!/¡Buenas tardes!/¡Buenas noches!
Entschuldige!/Entschuldigen Sie!	¡Perdona!/¡Perdone!
Darf ich …?	¿Puedo …?
Wie bitte?	¿Cómo dice?
Ich heiße …	Me llamo …
Wie heißen Sie?/Wie heißt du?	¿Cómo se llama usted?/¿Cómo te llamas?
Ich komme aus … Deutschland/Österreich/Schweiz	Soy de … Alemania/Austria/Suiza
Das gefällt mir (nicht).	Esto (no) me gusta.
Ich möchte …/Haben Sie …?	Querría …/¿Tiene usted …?

ESSEN & TRINKEN

Die Speisekarte, bitte!	¡El menú, por favor!
teuer/billig/Preis	caro/barato/precio
Könnten Sie mir bitte … bringen?	¿Podría traerme … por favor?
Flasche/Karaffe/Glas	botella/jarra/vaso
Messer/Gabel/Löffel	cuchillo/tenedor/cuchara
Salz/Pfeffer/Zucker	sal/pimienta/azúcar
Essig/Öl/Milch/Zitrone	vinagre/aceite/leche/limón
kalt/versalzen/nicht gar	frío/demasiado salado/sin hacer
mit/ohne Eis/Kohlensäure	con/sin hielo/gas
Vegetarier/Vegetarierin/Allergie	vegetariano/vegetariana/alergía
Ich möchte zahlen, bitte.	Querría pagar, por favor.
Rechnung/Quittung/Trinkgeld	cuenta/recibo/propina

NÜTZLICHES

Wo ist …? /Wo sind …?	¿Dónde está …? /¿Dónde están …?
Wie viel Uhr ist es?	¿Qué hora es?
heute/morgen/gestern	hoy/mañana/ayer
Wie viel kostet …?	¿Cuánto cuesta …?
Wo finde ich einen Internetzugang/WLAN?	¿Dónde encuentro un acceso a internet/wifi?
Hilfe!/Achtung!/Vorsicht!	¡Socorro!/¡Atención!/¡Cuidado!
Apotheke/Drogerie	farmacia/droguería
kaputt/funktioniert nicht	roto/no funciona
Panne/Werkstatt	avería/taller
Darf ich hier fotografieren?	¿Podría fotografiar aquí?
offen/geschlossen/Öffnungszeiten	abierto/cerrado/horario
Eingang/Ausgang	entrada/salida
Toiletten (Damen/Herren)	aseos (señoras/caballeros)
(kein) Trinkwasser	agua (no) potable
Frühstück/Halbpension/Vollpension	desayuno/media pensión/pensión completa
Parkplatz/Parkhaus	parking/garaje
Ich möchte … mieten.	Querría alquilar …
ein Auto/ein Fahrrad/ein Boot	un coche/una bicicleta/un barco
0/1/2/3/4/5/6/7/8/9/10/100/1000	cero/un, uno, una/dos/tres/cuatro/cinco/seis/siete/ocho/nueve/diez/cien, ciento/mil

URLAUBS FEELING
ZUM EINSTIMMEN & AUSKLINGEN

LESESTOFF & FILMFUTTER

📖 VOM FORSCHER, DER AUSZOG, DAS ZAUBERN ZU LERNEN

Auf der Suche nach Glück und Zufriedenheit lernt Christian Rätsch die Sprache der Lakandonenindianer kennen, lebt mit ihnen in Chiapas und lernt von ihrer Kultur. Ein witziges, ungewöhnliches und auch tiefgründiges Buch von 2008

🎥 VIVA ZAPATA!

Ein Kunstwerk der Filmgeschichte schuf 1951 Elia Kazan mit diesem Drama. Das Drehbuch von John Steinbeck lieferte eine historische Abenteuergeschichte für die Hauptdarsteller Marlon Brando und Anthony Quinn

📖 JAHRE DES JÄGERS

Der 2019 erschienene Abschluss der Trilogie von Starautor Don Winslow um den mexikanisch-amerikanischen Drogenkrieg ist nicht minder packend erzählt als die Vorgänger

🎥 FRIDA

Julie Taymor führte 2002 Regie bei der Verfilmung des exzentrischen Künstlerlebens von Frida Kahlo. In der Hauptrolle glänzt Salma Hayek

PLAYLIST QUERBEET

0:58

II ANA GABRIEL – AY AMOR
Queen der traditionellen Ranchero-Musik, die aber auch mit Latin Pop die Massen begeistert

▶ **ZOÉ** – AZUL
Noch nie was von neopsychedelischer Musik gehört? Diese Rockband ist im ganzen Land bekannt

▶ **LOS TEXMANIACS** –
I AM A MEXICAN
Urtümliche Tex-mex-Musik,

Grammy-nominiert und mit eingängigen Rythmen

▶ **PAULINA RUBIO** – NI UNA SOLA PALABRA
Die Latin Pop-Interpretin ist in Mexiko erfolgreicher als hierzulande Shakira

▶ **LILA DOWNS** – MEZCALITO
Die kraftvolle Stimme der Sängerin mit mixtekischen Wurzeln verleiht den Liedern mit indigenen Einflüssen eine besondere Würze

Den Soundtrack zum Urlaub gibt's auf **Spotify** unter **MARCO POLO** Mexico

Oder Code mit Spotify-App scannen

AB INS NETZ

MEXIKOLINKS.DE
Onlinereiseführer, der 200 Orte im Land – auch mit weiterführenden Links – beschreibt, reisepraktische Informationen gibt sowie interessante Tools wie Stecknadeln zur Markierung beinhaltet

WEBCAMSDEMEXICO.COM
Die Bucht von Acapulco und die Playa de Norte auf der Isla Mujeres, Aufnahmen der Vulkane und vieles mehr

TIMETOURS: CHICHÉN ITZÁ
3-D-Rekonstruktionen, Zeitvergleiche und Rundumsichten entführen dich in

dieser App nach Chichén Itzá. Es gibt spannende Fakten über die alte Pyramidenstätte und sogar eine Schatzsuche

HISTORY.COM/TOPICS/MEXICO
Die Website bietet englische Videos zu Geschichte und archäologischen Stätten, zur Küche und zum Alltag in Mexiko

MEXIKO-STADT KARTE OFFLINE
Mit der deutschsprachigen App findest du dich in der mexikanischen Metropole zurecht. Die Anwendung enthält auch einen Index für Hotels, Restaurants, Museen, Shoppingadressen u. a.

TRAVEL PURSUIT

DAS MARCO POLO URLAUBSQUIZ

Weißt du, wie Mexiko tickt? Teste hier dein Wissen über die kleinen Geheimnisse und Eigenheiten von Land und Leuten. Die Lösungen findest du in der Fußzeile. Und ganz ausführlich auf den S. 20–25.

❶ **Wo hört man „No tengo dinero" immer wieder in Mexiko?**
a) Bei den *Mariachi*-Kapellen ist es ein Dauerbrenner.
b) bei den Bettlern auf der Straße
c) Im Restaurant, wenn die Bedienung kein Wechselgeld rausrücken will.

❷ **Warum benutzten die Muralisten öffentliche Gebäude als Leinwand für ihre Kunst?**
a) Weil sie auf diese Weise viel Geld sparten.
b) Weil sie so ihren Protest gegen die Regierung ausdrückten.
c) Um mit ihren Bildern auch Arme und Analphabeten zu erreichen.

❸ **Was machen die Mexikaner mit den Skeletten und Totenköpfen aus Zuckerguss?**
a) Sie sind *die* Dekoration bei Kindergeburtstagen.
b) Sie kommen am Allerseelentag als Gaben für die Toten auf die Altäre, die in jedem Haus aufgebaut werden.
c) Sie schmücken die Eingangsbereiche der Krankenhäuser.

❹ **Was ist ein h'mèn?**
a) Ein „Macher", so heißt bei den Maya der Schamane.
b) So heißt der Superman, der Star einer Fernsehserie ist.
c) So nennen die mexikanischen Feministinnen die Männer.

*Zur Linderung von mäßig
ausgeprägten entzündlichen Hauterkrankungen*

Jetzt einpacken!

FeniHydrocort – das Multitalent bei

- Entzündeten Insektenstichen
- Sonnenallergie
- Leichtem Sonnenbrand
- Kontaktallergie

REGISTER

LOB ODER KRITIK? WIR FREUEN UNS AUF DEINE NACHRICHT!

Trotz gründlicher Recherche schleichen sich manchmal Fehler ein. Wir hoffen, du hast Verständnis, dass der Verlag dafür keine Haftung übernehmen kann.

MARCO POLO Redaktion • MAIRDUMONT • Postfach 31 51 73751 Ostfildern • info@marcopolo.de

Impressum

Titelbild: Chichén Itza (Schapowalow: M. Borchi)

Fotos: DuMont Bildarchiv: K. Maeritz (132); huber-images: J. Banks (171), P. Canali (101, 103), G. Croppi (122), T. Draper (66), P. Giocoso (136/137, 178/179), S. Kremer (Klappe hinten, 8, 14/15, 55, 56, 59, 160, 168/169), E. Martino (131), B. Morandi (6/7), M. Pignatelli (2/3), R. Schmid (141), G. Simeone (98); huber-images/Naturalight (152); huber-images/Paolo Giocoso Photography (65); Laif: Gonzalez (22, 63), Heuer (29), Meyer (17); Laif/Riva Press (50); Laif/robertharding: Tuul (142); Look: Greune (24), Heeb (88, 105, 121); K. Maeritz (126/127); mauritius images/age fotostock: L. Davilla (83), T. Labra (114/115, 180); mauritius images/AGF: C. Mahaux (90/91); mauritius images/Alamy (45, 48, 73, 76/77, 108/109, 154/155), Al Argueta (94/95), A. Bramwell (119), K. Dannemiller (74), J. Elk (70), R. Ellis (Klappe vorne außen, Klappe vorne innen, 1), R. Fried (61), K. Han (135), H. Harrison (147), B. Kadic (125), C. Melloan (11), J. Mitchell (69), G. Racher (163), B. Ramonfaur (167), A. Sabbadini (9), E. Ubiquitous (53); mauritius images/Alamy/All Canada Photos: Torino (150); mauritius images/Alamy/Eye Ubiquitous (93); mauritius images/Alamy/Have Camera Will Travel/Central & South America (86); mauritius images/Alamy/Zoonar GmbH (116); mauritius images/Corbis (10); mauritius images/Hemis.frAlamy/Eye Ubiquitous: F. Guiziou (80); mauritius images/Image Source: K. Kiefer 2 (34/35); mauritius images/Imagebroker: O. Gerhard (37, 156); mauritius images/MasterfileRM: R. I. Lloyd (12/13); mauritius images/Minden Pictures: N. Wu (148); mauritius images/Photononstop (28/29); mauritius images/Pixtal/WE075607 (145); mauritius images/Robert Harding (40/41); mauritius images/robertharding: W. Connett (32/33), M. Kuhnell (33, 113); mauritius images/Westend61: A. Babiak (85), H. Meyrl (26/27); O. Stadler (21); T. Stankiewicz (107); Wöbcke (183)

18. Auflage 2020, komplett überarbeitet und neu gestaltet

© MAIRDUMONT GmbH & Co. KG, Ostfildern
Autoren: Birgit Müller-Wöbcke, Manfred Wöbcke
Redaktion: Franziska Kahl, Nikolai Michaelis
Bildredaktion: Gabriele Forst
Kartografie: © MAIRDUMONT, Ostfildern (S. 38–39, 157, 159, 164–165, 166, Umschlag außen, Faltkarte); © MAIRDUMONT, Ostfildern, unter Verwendung von Kartendaten von OpenStreetMap, Lizenz CC-BY-SA 2.0 (S. 42–43, 46–47, 78–79, 96–97, 110–111, 128–129, 138–139)
Als touristischer Verlag stellen wir bei den Karten nur den De-facto-Stand dar. Dieser kann von der völkerrechtlichen Lage abweichen und ist völlig wertungsfrei.
Gestaltung Cover, Umschlag und Faltkartencover: bilekjaeger_Kreativagentur mit Zukunftswerkstatt, Stuttgart;
Gestaltung Innenlayout: Langenstein Communication GmbH, Ludwigsburg
Spickzettel: in Zusammenarbeit mit PONS GmbH, Stuttgart
Texte hintere Umschlagklappe: Lucia Rojas
Konzept Coverlines: Jutta Metzler, bessere-texte.de

Printed in Poland

MIX
Paper from responsible sources
FSC® C018236

MARCO POLO AUTORIN
BIRGIT MÜLLER-WÖBCKE

Die Reisejournalistin erinnert sich noch gut an die Zeit, als Playa del Carmen nur aus ein paar Straßen bestand und sie mehrere Monate in einem Haus am Strand lebte. Seitdem kommt sie jedes Jahr wieder nach Mexiko, zum Reisen, Recherchieren, Schreiben. Und manchmal auch, um einen Präsidenten zu umarmen – wie 2004, als ihr Vicente Fox in Acapulco den Journalistenpreis Pluma de la Plata überreichte.

BLOSS NICHT!

FETTNÄPFCHEN UND REINFÄLLE VERMEIDEN

ENGLISCH SPRECHEN UND SICH AUFREGEN

Wer Englisch spricht, wird für einen wenig geschätzten *gringo*, einen US-Amerikaner, gehalten, wer sich dann noch aufregt über Dinge, die nicht gleich klappen, hat verspielt. Wenige Worte in Spanisch sind daher meist besser als ein englischer Wortschwall.

ZU WENIG PROPINA GEBEN

Mexikos Kellner sind von den Trinkgeldern der US-Amerikaner verwöhnt, die mehr als 15 Prozent geben. Deshalb: Mindestens 10 Prozent *propina* sind bei gutem Service Pflicht, will man künftig wie ein Freund begrüßt werden, gibt man mehr.

2.-KLASSE-BUSSE AUF LANGSTRECKEN NUTZEN

In 2.-Klasse-Bussen werden keine Sitzplätze reserviert, die Busse halten quasi an jedem Busch und sind immer überfüllt. Kauf daher bei Langstrecken immer ein 1.-Klasse-Ticket, möglichst einen Tag im Voraus. Die Busse der *primera clase* garantieren einen Sitzplatz, nur wenige Stopps sowie zügige und meist sichere Fahrt.

EINE FACTORY BESUCHEN

Auf Rundfahrten, Besichtigungsausflügen etc. wird der Besuch einer *factory* aufgedrängt. Meist ist der Besitzer ein „friend" des Reiseleiters, und der verbürgt sich für Qualität und einen Rabatt. Besser ist fast immer ein freundliches, aber bestimmtes: „¡No, gracias!"

NACHTS AM STRAND SPAZIEREN GEHEN

Vollmond, das Meer glänzt silbern – das verlockt zum Strandspaziergang um Mitternacht. Doch Vorsicht: Nur wenn du dich in Sichtweite von Restaurants befindest oder genügend andere Menschen unterwegs sind, solltest du loslaufen. Du willst schließlich nicht das Risiko eingehen, ausgeraubt zu werden. Für Frauen besteht die Gefahr sexueller Belästigung.